Volin

Der Aufstand von Kronstadt

KL(A)SSIKER 3
der Sozialrevolte

In allen Zeiten wurden Texte geschrieben, die wir heute als *Klassiker der Sozialrevolte* bezeichnen wollen. Darunter zählen wir historische Texte aus Sozialen Bewegungen bzw. aus dem Kontext sozialer Revolutionen - von den Frühsozialisten der Französischen Revolution bis zur APO der 60er Jahre dieses Jahrhunderts.

Der UNRAST Verlag wird in dieser Reihe eine umfangreiche Sammlung von Texten herausgeben, um damit ein Stück der eigenen Sozialgeschichte zu bewahren.

Dieses Buch ist ein an wenigen Stellen sprachlich bearbeiteter Nachdruck aus dem dreibändigen Werk Volins »Die Unbekannte Revolution«, Hamburg 1976. Wir bedanken uns insbesondere beim Verlag Libertäre Assoziation, Hamburg, für die freundliche Überlassung der Abdruckrechte.

Volin

Der Aufstand von Kronstadt

Aus dem französischen Original
von Wolf H. Leube

neu herausgegeben und bearbeitet
von Jochen Knoblauch

UNRAST
Klassiker der Sozialrevolte 3

Die Deutsche Bibliothek - CIP-Einheitsaufnahme
Volin: Der Aufstand von Kronstadt / Volin. Neu bearb. von Jochen Knoblauch. - 1. Aufl. - Münster : Unrast, 1999
(Klassiker der Sozialrevolte ; Bd. 3)
ISBN 3-89771-900-2

Die deutsche Erstausgabe erschien 1976 im Bd. 2 der dreibändigen Ausgabe: Volin; Die unbekannte Revolution. Verlag Libertäre Association Hamburg.
Originaltitel: Voline; La Révolution Inconnue
Verlag Pierre Belfond, Paris. o.J. [1948]

Dank an Klaus Decker aus Berlin der mit Rat und Tat bei der Bearbeitung des Textes mir zur Seite stand. J.K.

Volin - Der Aufstand von Kronstadt
Nachdruck der Originalausgabe von 1976
2. Auflage März 2009
Band 1 der Reihe »Klassiker der Sozialrevolte«
hrsg. von Jörn Essig-Gutschmidt
ISBN 978-3-89771-900-2

Postfach 8020, 48043 Münster - Tel. (0251) 66 62 93
Mitglied in der *assoziation Linker Verlage* (aLiVe)
Umschlag: UNRAST-Verlag, Münster
Satz: UNRAST-Verlag
Druck: Interpress, Budapest

INHALT

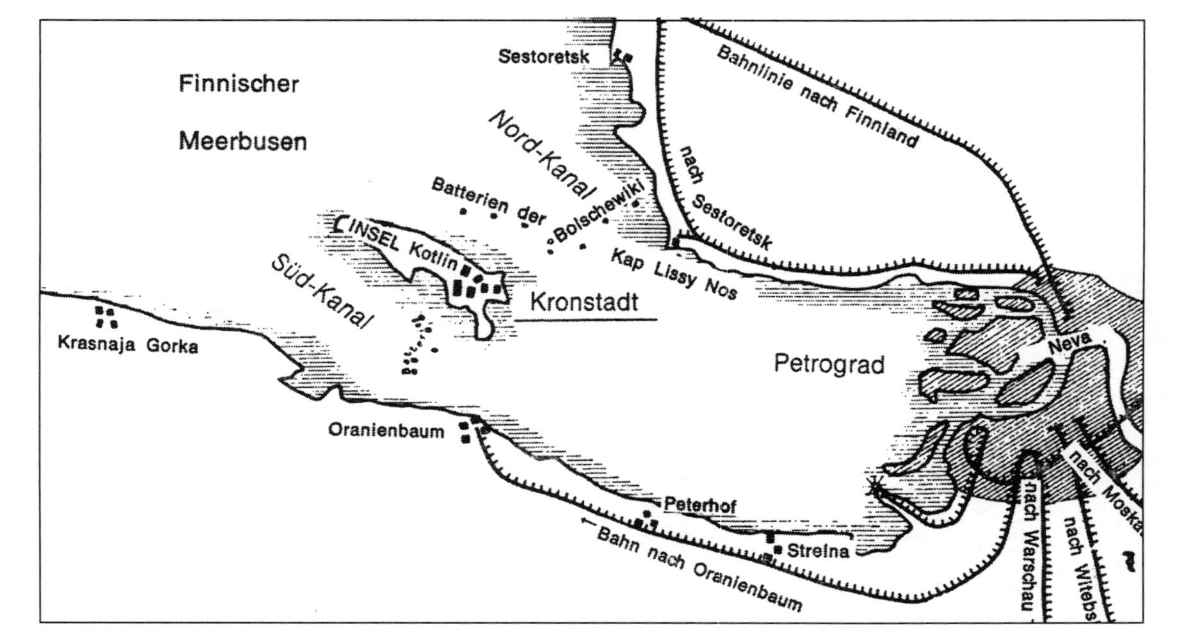

Finnischer
Meerbusen
Sestoretsk
Bahnlinie nach Finnland
nach Sestoretsk
Nord-Kanal
Batterien der Bolschewiki
INSEL Kotlin
Kap Lissy Nos
Süd-Kanal
Kronstadt
Krasnaja Gorka
Petrograd
Neva
Oranienbaum
Peterhof
Strelna
← Bahn nach Oranienbaum
nach Warschau
nach Witebs
nach Moska

KAPITEL I
Notiz zur Geographie

Zahlreiche Legenden kursierten - und kursieren noch - außerhalb Rußlands über die Rolle Kronstadts in der Russischen Revolution. Die Wahrheit ist jedoch im allgemeinen nicht bekannt.

Doch zunächst: Was ist Kronstadt?

Kronstadt, Festung oder vielmehr befestigte Stadt, Kriegshafen und Garnison, vor zwei Jahrhunderten von Peter dem Großen gegründet, liegt auf der Insel Kotlin, dreißig Kilometer westlich von Petersburg (heute Leningrad)*, am Ende des Finnischen Meerbusens. Der Ort verteidigt den Zugang zur Hauptstadt von der Ostsee her und ist gleichzeitig die wichtigste Operationsbasis und das Versorgungszentrum der Russischen Baltischen Flotte.

Der Golf friert im Winter zu. Eine Schneepiste führt in den Wintermonaten, vom November bis in den April, über die Eisdecke und verbindet Kronstadt mit der Metropole.

Die Insel Kotlin - ein schmaler und länglicher Landstreifen mit sehr unregelmäßigen Umrissen - ist 12 km lang. Die breiteste Stelle mißt ungefähr 3 km. Die Küsten sind sehr unzugänglich und außerdem stark befestigt.

Stadt, Hafen und Docks liegen auf der östlichen Seite der Insel und bedecken ungefähr ein Drittel der Fläche; Befestigungen und Küstenbatterien säumen die Küste nach Norden, Westen und Süden. Zwischen der Stadt und den Küsten lag zur Zeit der Revolution von 1917 ein praktisch unbebauter Landstreifen.

Gegenüber der Insel, zwanzig Kilometer in östlicher Richtung, liegt auf dem Festland die wichtige Festung Krasnaja Gorka; auf der anderen Seite, der nördlichen Inselküste zuge-

* siehe hierzu u.a. das Glossar; J.K.

wandt, liegt in etwa zehn Kilometer Entfernung das befestigte Kap Lisij Nos. (Vgl. die Karte.)

Den Mittelpunkt der Stadt bildet der riesige ›Ankerplatz‹, auf dem früher Soldaten gedrillt und Paraden abgehalten wurden; er faßt dreißigtausend Personen. Während der Revolution wurde er zur Agora von Kronstadt. Matrosen, Soldaten und Arbeiter kamen dort zusammen, um an den einberufenen oder spontanen Massenversammlungen teilzunehmen. Im Winter fiel diese Rolle der großen Marineschule zu.

Die Bevölkerung von Kronstadt bestand vor allem aus den Mannschaften der Baltischen Flotte, die in riesigen Kasernen untergebracht waren, aus den Garnisonssoldaten, in der Hauptsache Artilleristen, aus einigen Tausend Arbeitern, die meisten davon in den Waffendepots beschäftigt, und aus zahlreichen Offizieren, Beamten, Ladenbesitzern, angestellten Handwerkern usw., insgesamt etwa 50.000 Einwohner.

KAPITEL II
Kronstadt vor der Revolution

Die Baltische Flotte und die Garnison von Kronstadt waren an allen revolutionären Bewegungen, die Rußland erlebt hat, entscheidend beteiligt.

Viele Faktoren haben dazu beigetragen. Zu allen Zeiten rekrutierte sich die Marine aus der Arbeiterklasse, und natürlich bevorzugte die Marine die qualifiziertesten, geschultesten, ›aufgewecktesten‹ Arbeiter. Diese Arbeiter aber waren auch ›politisch‹ die fortgeschrittensten. Oft waren sie - vor ihrem Dienst in der Marine - potentielle Revolutionäre oder hatten sogar schon revolutionäre Erfahrung: Und natürlich übten sie, trotz militärischer Disziplin und Überwachung, auf ihre Mannschaftskameraden einen starken Einfluß aus.

Hinzu kam, daß die Matrosen im Zuge ihres Dienstes ins Ausland kamen und leicht den Unterschied zwischen den verhältnismäßig liberalen Regimes dieser Länder und dem des zaristischen Rußland feststellen konnten. Besser als alle anderen Teile des Volkes und der Armee machten sie sich die Ideen und Propaganda der politischen Parteien zu eigen, und etliche von ihnen pflegten Verbindungen mit russischen Emigranten (in westlichen Ländern) und lasen die eingeschmuggelte verbotene Literatur.

Die Nähe der Metropole mit ihrem intensiven politischen, intellektuellen und industriellen Leben tat ein übriges für die Schulung der Kronstädter. Sie befanden sich im Zentrum des Geschehens, denn Petersburg war das pulsierende Herz des politischen Lebens, in Petersburg wimmelte es von Arbeitern, hier regte sich die turbulente Menge der studierenden Jugend. Die stürmische Aktivität der revolutionären Gruppierungen und später die immer häufigeren und größeren Unruhen und Demonstrationen, die Straßenkämpfe, die ihnen manchmal folgten, und überhaupt die unmittelbare Berührung mit dem politischen und sozialen Geschehen, all das ließ die Bevölkerung von Kronstadt am Leben des Landes, an den Bestrebungen und Kämpfen der Massen, an allen politischen und sozialen Problemen der Stunde lebhaft und anhaltend Anteil nehmen.

Kronstadt hielt Petersburg ständig in Atem.

Schon 1905/06 und 1910 unternahmen die Matrosen von Kronstadt einige Aufstände, die mit aller Härte niedergeschlagen wurden. Das schärfte und erbitterte ihren Geist jedoch nur noch mehr.

In den ersten Tagen der Revolution von 1917 schufen die Gruppierungen der extremen Linken - Bolschewiki, Linke Sozialrevolutionäre, Maximalisten, Syndikalisten und Anarchisten - aktive und straff organisierte Zentren, deren Aktivität bald einen beträchtlichen Einfluß auf die Masse der Matrosen ausübte.

Aus allen diesen Gründen fiel Kronstadt in der Revolution von 1917 rasch eine Avantgarde-Funktion zu.

Die ›Phalanx‹ von Kronstadt marschierte an der Spitze des revolutionären Volkes. Seine Energie, sein hoher Bewußtseinsstand machten es zum »Stolz und Ruhm der Russischen Revolution«, wie Trotzki sagte, als er mit der Hilfe der Kronstädter die Macht übernommen hatte. Das hinderte ihn allerdings nicht daran, gegen die »Ruhmreiche«, die zur »konterrevolutionären Kanaille« geworden war, die Kanonen zu richten, als sie sich gegen den Irrweg und den Betrug der bolschewistischen Partei erhob.

KAPITEL III

Kronstadt, Avantgarde der Revolution

Seine Kämpfe – Seine Aktivität – Sein Einfluß

Ab Februar 1917 standen die Kronstädter in vorderster Linie der Revolution. Sie beschränkten sich nicht auf eine lokale Aktivität, so energisch diese auch war. Voll revolutionärer Begeisterung und Kampfeseifer, reich an kühnen revolutionären Kräften, in vollem Bewußtsein ihrer besonderen Rolle, gaben sie der Revolution ohne zu zögern alles, was sie hatten, alles, was die Revolution brauchte: ihre Flamme und ihre Zuversicht, ihr Bewußtsein und ihre Stärke, ergebene und selbst zum Einsatz ihres Lebens bereite Genossen, Agitatoren und Volkspropagandisten, Verteiler der revolutionären Presse über das ganze Land, Techniker aller Art und vor allem unvergleichliche Kämpfer. Kein Wunder also, daß Kronstadt im Februar 1917 sich sofort der Revolution anschloß.

Im Verlauf des Aufstands und bei der Übernahme der Stadt sehen sich die Matrosen zu einer bitteren, aber unumgänglichen Tat gezwungen: In der Nacht vom 27. auf den 28. Februar wurden 200 höhere Offiziere, die bekanntermaßen der finstersten Reaktion angehörten, verhaftet und auf der Stelle erschossen. Der über Jahre hinweg aufgestaute Haß und die Erbitterung machten sich in diesem Akt Luft. Unter den Opfern befanden sich auch diejenigen Offiziere, die 1910 nach einem Aufstandsversuch etliche Hundert Matrosen erschießen ließen und die auf dem Fort Totleben die Versenkung mehrerer mit gefangenen Seeleuten beladener Schiffe anordneten.

Diese Exekution war jedenfalls die einzige blutige Episode.

Es ist erwähnenswert, daß die Matrosen nicht nur diejenigen Offiziere schonten, die sie liebten und schätzten, sondern auch die, die sich nicht durch Grausamkeiten und Brutalitäten hervorgetan hatten. Einige Stunden lang durchstöberten

Gruppen von Matrosen die Stadt nach ihren Offizieren, die sich im allgemeinen Durcheinander davongemacht hatten. Wenn sie im Gewahrsam anderer Besatzungen oder anderswo entdeckt wurden, erwirkten die Matrosen ihre Freilassung und brachten sie auf ihren Schiffen oder in ihren Kasernen in Sicherheit. Bald organisierten die Matrosen den ersten Sowjet von Kronstadt. Obwohl sehr gemäßigt (die meisten Mitglieder waren rechte Sozialrevolutionäre und Menschewiki), geriet der Sowjet unter dem Druck der revolutionären Massen in heftige Konflikte mit der Provisorischen Regierung. Der unmittelbare Anlaß dieser Konflikte war unbedeutend, ihr Kern jedoch war ernst und wurde von den Massen wohl begriffen. Die Regierung konnte weder den Geist der Unabhängigkeit noch die überschäumende Aktivität der Kronstädter dulden. Mit aller Macht versuchte sie den einen zu brechen, die andere zu lähmen, kurz, die Widerspenstigen zu zähmen und die Stadt ganz zu unterwerfen.

Die ersten Konflikte wurden noch gütlich beigelegt. Nach zahlreichen Versammlungen und Beratungen hielt es Kronstadt für klug, vorerst noch nachzugeben.

Doch unzufrieden über die schlaffe Haltung ihres Sowjets, nahmen die Kronstädter - als erste - Neuwahlen zum Sowjet vor. Inzwischen kam es auch zu erneuten Konflikten mit der Provisorischen Regierung. Mehrfach stand Kronstadt, dessen Geduld zu Ende war, kurz vor dem Aufstand gegen die Regierung. Allein die Überzeugung, daß das Volk diesen verfrühten Akt nicht verstehen würde, hielt die Matrosen davon ab.

In dieser Zeit tauchten die ersten Legenden und Verleumdungen über Kronstadt auf, die von der russischen und ausländischen bürgerlichen Presse in Hülle und Fülle verbreitet wurden. »Kronstadt hat sich von Rußland getrennt und die autonome Republik Kronstadt proklamiert.« »Kronstadt stellt eigenes Geld her.« »Kronstadt will mit den Feinden des Vaterlandes in Friedensverhandlungen treten.« »Kronstadt steht kurz vor einem Separatfrieden mit den Deutschen.« So oder ähnlich lauteten die unsinnigen Meldungen, hinter denen die Absicht steckte, Kronstadt in den Augen der Öffentlichkeit zu diskreditieren, um es anschließend ohne Schwierigkeiten niederwerfen zu können.

Bekanntlich hatte die Provisorische Regierung nicht mehr die Zeit, ihr Vorhaben auszuführen. Sie stürzte, weggefegt von den Feinden, die sie umringten. In den Augen der Massen hatte Kronstadt einen Punkt gewonnen.

Der zweite Kronstädter Sowjet stand weiter links. Neben den zahlreichen Bolschewiki wurden einige Maximalisten und einige Anarchisten delegiert.*

Doch die Tätigkeit des Sowjet und die unvermeidlichen internen Auseinandersetzungen zwischen den verschiedenen Fraktionen zählten wenig im Vergleich zu der ungeheuren Arbeit, die sich innerhalb der Massen, auf den Schiffen, in den Kasernen und Betrieben vollzog.

---

* Aus vielerlei Gründen war die Anwesenheit von Anarchisten in den Sowjets verhältnismäßig selten. Außer in Kronstadt gab es einige Anarchisten im Petrograder und im Moskauer Sowjet. Sonst war ein Anarchist im Sowjet die Ausnahme.

Die generelle Haltung der Anarchisten gegenüber den Sowjets änderte sich mit der Entwicklung derselben. Standen die Anarchisten den Sowjets am Anfang positiv gegenüber, als diese noch wirkliche Arbeiterorgane waren und als der revolutionäre Schub noch Anlaß gab zu der Hoffnung, daß er sie zur Erfüllung bestimmter nützlicher Funktionen befähigen würde, so änderte sich diese Haltung bald, wurde skeptisch und schließlich ganz ablehnend, als deutlich wurde, daß die Sowjets zu politischen Organen in der Hand der Regierung wurden.

Die Anarchisten begannen also damit, sich der Wahl eines ihrer Genossen in den Sowjet nicht zu widersetzen. Dann setzte ihre Kritik ein, der die Enthaltung folgte und schließlich wandten sie sich »kategorisch und definitiv gegen jede Beteiligung an den Sowjets, die zu rein politischen Organen geworden sind, organisiert auf autoritärer, zentralistischer und etatistischer Grundlage«. (Resolution des Nabat-Kongresses Elisabethgrad, im April 1919.)

Laufend fanden Versammlungen auf dem Ankerplatz statt. Hier wurden alle Fragen der Revolution besprochen und die Entscheidungen eingehend geprüft.
Das waren große, stürmische Tage für die Kronstädter Bevölkerung.
So schulte sich Kronstadt und bereitete sich auf die überragende, aktive Rolle vor, die es in allen Kämpfen und allen Etappen der Revolution im ganzen Land bald erfüllen sollte.
Nach anfänglicher Zustimmung zur Kerenski-Regierung wurden sich die Matrosen bald über deren Rolle klar.
Kaum zwei Wochen nach der berühmten gescheiterten Offensive vom 18. Juni erhob sich Kronstadt endgültig gegen Kerenski und seine Regierung. Ein weiterer Anlaß für diese Haltung wurde dadurch gegeben, daß Kerenski, dem die feindselige Haltung Kronstadts nicht verborgen geblieben war, revolutionäre Matrosen, die in Petrograd auftauchten, verhaften ließ und weitere Zwangsmaßnahmen ankündigte. Einige Unruhen und Schießereien in Petrograd, wo sich ein revolutionäres Maschinengewehr-Regiment mit der Waffe in der Hand seiner Verschickung an die Front widersetzte und von regierungstreuen Truppen zusammengeschossen wurde, goß noch Öl ins Feuer.
In dieser Situation gingen am 4. Juli 12.000 Matrosen, Soldaten, Arbeiter und Arbeiterinnen von Kronstadt in Petrograd an Land; sie trugen rote und schwarze Fahnen und Plakate mit der Losung: »Alle Macht den lokalen Sowjets!« Die Demonstranten marschierten in Richtung Torid-Palais, wo alle Fraktionen, auch die Bolschewiki, über die politische Lage berieten. Sie versuchten, die Demonstration auszuweiten, die Massen und die Garnison mitzureißen und den Kampf bis zum Sturz der Regierung zu steigern, um an ihre Stelle die ›Sowjets‹ zu setzen.
Doch folgte noch niemand ihrem Beispiel. Nach einigen Verlusten, erkannten sie den Mißerfolg ihrer Demonstratio-

nen und mußten unverrichteter Dinge nach Kronstadt zurückkehren. Die Zeit für eine Weiterführung der Revolution war noch nicht reif.

Die Regierung wagte nicht, scharf gegen die Demonstranten vorzugehen; dazu fühlte sie sich nicht stark genug. Nach mühseligen Verhandlungen mit Kronstadt, in deren Verlauf sich die Kontrahenten zu einem gnadenlosen Kampf rüsteten (Kronstadt stellte Bataillone auf, um Petrograd anzugreifen) kam es schließlich zu einer Übereinkunft, und die Lage beruhigte sich wieder.

Es ist ganz nützlich, die wesentlichen Momente dieses fehlgeschlagenen ›Aufstands‹ ins Gedächtnis zu rufen.

Die Bolschewiki waren maßgeblich an ihm beteiligt, die Parolen der Demonstranten stammten hauptsächlich von ihnen. In Kronstadt waren ihre Vertreter die Hauptorganisatoren des Unternehmens. Die Matrosen stellten ihnen die Frage: »Was tun wir, wenn die Partei bei der Aktion nicht mitmacht?« »Wir werden sie von hier aus zwingen, uns zu unterstützen«, war die Antwort. Aber da das Zentralkomitee noch keine Entscheidung getroffen hatte (oder den Beschluß gefaßt hatte, nicht mitzumachen) und einige bekannte Bolschewiki mit anderen politischen Fraktionen verhandelten, nahmen die bolschewistischen Führer nur ›inoffiziell‹ daran teil: Lenin beschränkte sich auf einige ermutigende Worte vom Balkon aus und verschwand; Trotzki und andere Führer verzichteten auf jede Einmischung und stahlen sich davon. Die Bewegung ging nicht von ihnen aus, sie wurde nicht von ihnen kontrolliert. Folglich hatten sie kein Interesse an ihr. Sie warteten auf ihre Stunde.

Einige Bolschewiki, die auf einem Panzerwagen eine große rote Fahne mit den Initialen ihres Zentralkomitees aufgepflanzt hatten, wollten sich an die Spitze des Demonstrationszuges setzen. Die Matrosen erklärten ihnen, sie wollten nicht unter der Schirmherrschaft der bolschewistischen

Partei, sondern im Namen ihres Sowjets handeln: Der Panzerwagen mußte mit einem Platz am Ende des Zuges vorlieb nehmen.

Die Anarchisten, die in Kronstadt bereits ziemlichen Einfluß hatten, nahmen aktiven Anteil an der Aktion und verloren einige ihrer Genossen. Aber im Grunde war es eine Massenbewegung, d.h. eine Bewegung einiger Tausend Aufständischer.

Nach den Juli-Tagen setzte die bürgerliche Presse ihre Verleumdungen gegen Kronstadt fort und unterstellte, daß der Aufstand »mit deutschem Geld« organisiert gewesen sei (man ›präzisierte‹ jeder Matrose habe 25 Goldrubel pro Tag bekommen) sie sprach von »Verrat« usw. Die sozialistische Presse stimmte in den Chor mit ein: Sie gab zu verstehen, daß die Bewegung das Werk »zwielichtiger Elemente« gewesen sei, hieß es nicht schon seit langem: »Der Sozialismus ist der beste Polizist der Bourgeoisie«?

Diese Kampagne erlaubte Kerenski, Kronstadt mit harten Strafmaßnahmen zu drohen. Doch wie wir wissen, wagte er nicht mehr, diese praktisch durchzuführen.

Die Kronstädter ließen sich übrigens nicht einschüchtern. Es wurde ihnen immer bewußter, daß sie sich auf dem richtigen Weg befanden, und sie gewannen die Sicherheit, daß der Tag nicht mehr fern war, an dem die breiten Massen erkennen würden, daß die Zuversicht, die Stärke und Ziele der Kronstädter ihre eigenen seien.

Jetzt entfaltete Kronstadt außerordentliche und fast fieberhafte Aktivitäten.

Man begann, Agitatoren und Volkspropagandisten - Abgesandte der Revolution - in alle Winkel des Landes zu schicken. Das Losungswort, um das man sich scharte, war: »Alle Macht den lokalen Sowjets!«

Diese Abgesandten wurden in der Provinz zu Dutzenden verhaftet. Kronstadt antwortete mit der Entsendung weiterer Agitatoren.

Bald wurden ihre Bemühungen belohnt. Die Matrosen der Schwarzmeer-Flotte, die bis dahin Kerenski unterstützt hatten, begannen, an der Richtigkeit der »Informationen aus sicherer Quelle« zu zweifeln, die die »konterrevolutionäre Rolle Kronstadts« behaupteten. Um zu wissen, woran sie waren, schickten sie eine Delegation nach Kronstadt, die vom Sowjet feierlich empfangen wurden, nach eingehenden Besprechungen verstanden die Schwarzmeer-Matrosen die Haltung der Kronstädter und erkannten die Lügen der Presse und der Autoritäten. Von da an entstand eine enge Bindung zwischen den beiden Flotten.

Einige Fronteinheiten entsandten Delegationen nach Kronstadt, die Erkundigungen bei den Matrosen einziehen und sie nötigenfalls zur Vernunft bringen sollten, so gründlich war die Wirkung der Verleumdung.

Eine dieser Delegationen, die aus einer stattlichen Anzahl Männer bestand, die selbst vor einer bewaffneten Aktion nicht zurückgeschreckt wären, machte einen regelrechten Feldzug aus ihrem Unternehmen. Auf waffenstarrenden Schiffen (sogar Kanonen und Maschinengewehre hatten sie dabei) langte sie vor Kronstadt an, bereit, jeder Eventualität die Stirn zu bieten. Sie wagte nicht zu landen, denn mußte man sich nicht - nach den Zeitungen und den Gerüchten - auf ein Trommelfeuer der Verteidiger der »unabhängigen Republik Kronstadt«, die in deutschem Solde standen, gefaßt machen? In sicherer Entfernung wurde Anker geworfen und man entsandte zunächst einmal einige Boote mit Bevollmächtigten. Diese legten an und schlichen vorsichtig in die Stadt, wie eine richtige Aufklärungspatrouille in Feindesland.

Die Sache endete, wie gewöhnlich, mit einem feierlichen Empfang durch den Sowjet und mit angeregten, ja stürmischen, doch freundschaftlichen Diskussionen. Die Matrosen besichtigten die ›Expeditions‹-Schiffe, die in den Hafen gebracht wurden, die Gäste ihrerseits wurden auf die Kriegsschiffe eingeladen. Nach einem guten Abendessen brach die Delegation wieder an die Front auf, unter den Klängen einer Musikkapelle und mit dem Ruf: »Alle Macht den lokalen Sowjets!«

Oft machten die Delegationen den Matrosen den Vorschlag, ihre erschöpften Fronteinheiten abzulösen, doch da setzten ihnen die Kronstädter unzweideutig ihren Standpunkt auseinander: »Solange das Land nicht dem Bauern gehört und die Revolution noch nicht endgültig gesiegt hat, solange haben die Arbeiter nichts zu verteidigen.«

Als kurz vor dem Marsch General Kornilows auf Petrograd die Reaktion Anstalten machte, die Lage wieder in den Griff zu bekommen und hier und dort die Armeedisziplin wiederherstellte, dann auch die Todesstrafe an der Front wieder einführte und die Soldatenkomitees zu zerschlagen versuchte, da machte sich Kronstadt erneut zu einem bewaffneten Aufstand bereit.

Als ungefähr zur selben Zeit die Kerenski-Regierung unter dem Vorwand, die Riga-Front zu verstärken, beschloß, von Kronstadt und allen anderen Festungen die schwere Artillerie abzuziehen, da erreichten die Entrüstung und die Wut der Matrosen ihren Höhepunkt. Es war vollkommen klar, daß diese Artillerie an der Front überhaupt nicht wirkungsvoll einsetzbar war. Außerdem war bekannt, daß sich die deutsche Flotte zu einem Angriff auf Kronstadt rüstete. Ein solcher Angriff war jedoch ohne Artillerie nicht abzuwehren. Da die Kronstädter eine derartige Unkenntnis der Sachlage bei den Regierungsmitgliedern nicht für möglich hielten, erblickten sie in der Absicht, Kronstadt am Vorabend des Angriffs zu entwaffnen, einen offenen Verrat an der Revolution. Sie waren überzeugt, daß die Kerenski-Regierung entschlossen war, die Revolution mit allen Mitteln, einschließlich der Übergabe von Kronstadt und Petrograd an die Deutschen, zu ersticken.

Kronstadt zögerte nicht. Bei den Schiffsbesatzungen, den Festungsmannschaften und in den Fabriken wurde auf geheimen Versammlungen ein Aufstandsplan entworfen. Gleichzeitig machten täglich Matrosen in den Petrograder Betrieben, Werkstätten und Kasernen die Runde und riefen offen zum Aufstand auf.

Vor dieser zum Äußersten entschlossenen Opposition wich die Regierung zurück und gab nach. Ein Kompromiß wurde ausgehandelt: Nur eine kleine Abteilung Matrosen brach an die Front auf. Insgeheim begrüßten die Seeleute diese Lösung; der einzige Ort nämlich, an dem sie, aufgrund der Wachsamkeit des Offizierskommitees nicht einzudringen vermocht hatten, war gerade die Front. Jetzt bot sich eine Gelegenheit, das, was man die »Kronstädter Seuche« nannte, auch dort zu verbreiten.

Nach dem ›Kornilow-Putsch‹ im August 1917, bei dessen Niederwerfung sich die Kronstädter ganz besonders hervorgetan hatten, war das letzte Mißtrauen der Massen gegenüber Kronstadt geschwunden. Gleichzeitig sank die Popularität Kerenskis von Tag zu Tag. Überall begann man zu erkennen, daß die Skepsis der Kronstädter gegenüber der Regierung begründet war, daß sie zu recht die Machenschaften der Reaktion entlarvten und nicht mit sich umspringen ließen.

Der moralische Sieg Kronstadts war vollständig.

Von diesem Zeitpunkt an kamen ständig Arbeiter- und Bauerndelegationen nach Kronstadt, um Ratschläge und Hinweise für die Zukunft einzuholen. Immer deutlicher zeichnete sich die revolutionäre Rolle Kronstadts ab.

Alle Delegationen baten die Matrosen um Agitation und um revolutionäre Literatur für die Propaganda in ihren Bezirken. Besser konnte es für die Kronstädter gar nicht kommen; ohne Übertreibung kann man sagen, daß es bald kein Departement, keinen Distrikt mehr gab, in dem die Kronstädter Emissäre nicht wenigstens ein paar Tage verbracht und den

Rat gegeben hatten, sich kurzerhand des Bodens zu bemächtigen, der Regierung den Gehorsam aufzukündigen, die Sowjets neu zu wählen und zu konsolidieren, mit allen Kräften für den Frieden und für die Fortsetzung der Revolution zu kämpfen.

In dieser Zeit verloren die rechten Sozialrevolutionäre und die Menschewiki in den Sowjets ihre beherrschende Stellung an die Bolschewiki. Und ebenfalls in dieser Zeit formierten sich in fieberhafter Eile die entscheidenden Kräfte der kommenden Revolution. Lenin war über all das auf dem Laufenden, auch er rüstete sich für »seine Stunde«.

Durch ihre unermüdliche Aktivität hatten die Kronstädter den revolutionären Geist in die Arbeiter- und Bauernorganisationen und in die Armee hineingetragen, doch wandten sie sich gleichzeitig mit aller Entschiedenheit gegen jede nicht-organisierte Maßnahme, gegen jede aus Haß oder persönlicher Verzweiflung begangene Tat.

Zur selben Zeit hatte die Baltische Flotte schwere Kämpfe gegen das deutsche Geschwader zu bestehen und den Zugang nach Petrograd imNamen der Revolution zu verteidigen. Überall, wo die Revolution gegen die alte Gesellschaft kämpfte, standen die Leute von Kronstadt in den vordersten Reihen.

Bevor wir die vor-bolschewistische Periode beenden, müssen wir noch eine Vorstellung vermitteln von der intensiven konstruktiven Arbeit, die Kronstadt trotz der bewaffneten Kämpfe und anderer Aufgaben leistete. Der Kronstädter Sowjet schuf zwei bedeutsame Organe die »Technisch-militärische Kommission« und die »Propaganda-Kommission«. Die Technisch-militärische Kommission bestand aus 14 Sowjetmitgliedern, einigen Delegierten der »Union der Seetransportarbeiter« und Delegierten der Kriegsschiffe und der Forts.

Außerdem schuf man die Posten von Sonderkommissaren auf den wichtigsten Forts. Diese Kommissare hatten eine ständige Verbindung zwischen den Forts, dem Sowjet und der Kommission aufrechtzuerhalten und mußten für den materiell einwandfreien Zustand der Forts, deren Ausrüstung usw. sorgen.

Die Kommission überwachte alles, was mit der Verteidigung Kronstadts und mit den technischen Erfordernissen zusammenhing. Sie hatte unter anderem den Auftrag, das Prinzip der allgemeinen Bewaffnung des werktätigen Volkes durchzuführen: Sie befaßte sich mit der militärischen Ausbildung der Arbeiter, stellte Bataillone auf, hielt die Listen aller Kampfverbände auf dem Laufenden, usw. Sie überwachte auch den Zustand der Frachter und Passagierschiffe, registrierte deren Kapazitäten und Einsätze; sie leitete die Ausbesserungsarbeiten; sie war mit der Verwertung des Schrotts beauftragt, der sich in dem riesigen Artilleriedepot stapelte.

Die Propaganda-Kommission galt in Kronstadt als äußerst wichtig. Ihre rege erzieherische Aktivität beschränkte sich nicht auf Kronstadt, Zug um Zug weitete sich ihr Aktionsradius über das Land aus. Täglich wurden aus den Forts, die zum Teil bis zu dreißig Kilometer weit im Meer draußen lagen, oder aus irgendeinem Petrograder Vorort Redner, Berichterstatter, Propagandisten angefordert.

Die Kommission bestellte, sammelte und verteilte alle Arten von Literatur: politische, soziale Broschüren (sozialistischer, kommunistischer, anarchistischer Richtung), populärwissenschaftliche Schriften, vor allem allgemeine Ökonomie, Landwirtschaft usw.

Jeder Soldat war darauf aus, sich mit seinen eigenen Groschen eine kleine Bibliothek zusammenzustellen, die er voll Eifer benutzte und die er später mit sich nach Hause zu nehmen gedachte: in »sein Land«, in sein Dorf.

Die Methoden der Auswahl und der Entsendung der Propagandisten verdienen besondere Aufmerksamkeit.

Jede Werkstatt, militärische Einheit oder Schiffsbesatzung konnte einen Volkspropagandisten in die Provinz entsenden. Wer einen solchen Auftrag übernehmen wollte, mußte dies vor der Vollversammlung seiner Einheit oder Werkstatt erklären. Wenn es keine Einwände gegen ihn gab, erhielt er vom Komitee seiner Werkstatt oder seiner Einheit eine vorläufige Erlaubnis. Diese wurde von der Propaganda-Kommission gegengezeichnet und ging zum Sekretariat des Sowjets. Wenn auf der Sowjetvollversammlung die Bewerbung unterstützt wurde von denen, die den Kandidaten persönlich kannten und wenn niemand Einwände revolutionärer oder moralischer Art gegen die Bewerbung vorzubringen hatte, wurde vom Sowjet ein formelles und definitives Mandat ausgestellt. Dieses Mandat sollte gegen alle Mißhelligkeiten schützen: Es diente als Passierschein und Aufenthaltserlaubnis.

Die finanziellen Mittel für diese Reisen wurden aus der Kasse des Sowjet bezahlt, die mit freiwilligen Zuwendungen von den Arbeitern getragen wurde.

Fast immer nahm der Propagandist Erzeugnisse mit, die von den Kronstädter Arbeitern eigens als Geschenke für die Bauern hergestellt wurden. Die Kronstädter Arbeiter, vor allem die, die immer noch ihr bäuerliches ›Zuhause‹ bewahrt hatten, bauten eine Werkstatt, in der sie in ihren freien Stunden für die Landwirtschaft lebensnotwendige Gegenstände herstellten: Nägel, Hufeisen, Sensen, Pflugscharen usw. Soldaten und technisch versierte Matrosen halfen ihnen dabei.

Das Unternehmen nannte sich »Union der Landarbeiter von Kronstadt«. Jeder dort hergestellte Gegenstand wurde mit dem Zeichen der Union versehen. In regelmäßigen Abständen erschien in den Iswestija von Kronstadt eine Liste der Erzeugnisse.

Die Union hatte alle Einwohner um Lieferung des nicht verwendbaren Alteisens gebeten. Auch die Technische Kommission stellte ihnen solches zur Verfügung.

Die Emissäre vergaßen nie, sich mit diesen Erzeugnissen zu versorgen, um sie über die örtlichen Sowjets den Bauern als Geschenke zukommen zu lassen. Viele heiße Dankesbriefe gingen beim Sowjet ein, in denen die Bauern versprachen, als Gegenleistung »die Stadt im Kampf um Brot und Freiheit« zu unterstützen.

Ein weiteres konstruktives Unternehmen muß noch erwähnt werden. Die Kronstädter benutzten den unbebauten Landstreifen zwischen der Küste und der eigentlichen Stadt, um dort kollektive Gemüsegärten zu bewirtschaften: eine Art kleiner Gartenkommunen.

Jeweils ungefähr fünfzig Leute, die im selben Viertel wohnten oder im gleichen Werk arbeiteten, kamen überein, gemeinsam das Land zu bebauen. Jede Kommune erhielt von der Stadt ein Stück Land, das durch Los gezogen wurde. Spezialisten wie Landvermesser, Agronomen usw. halfen den Kommunen.

Alle allgemeinen Fragen, die die Mitglieder dieser Kommunen betrafen, wurden auf Delegierten- oder Vollversammlungen diskutiert.

Ein Versorgungskomitee besorgte das Saatgut, Werkzeug lieferten die Stadtdepots oder wurde von den Kommunen selbst beschafft. Mist - der einzige verfügbare Dünger - wurde ebenfalls von der Stadt geliefert.

Diese Gemüsegärten leisteten den Kronstädtern wertvolle Dienste, vor allem in den Zeiten der Hungersnot im Jahre 1918 und danach.

Die Kommunen dienten gleichzeitig zur gegenseitigen Annäherung der Bewohner.

Diese »freie Kommune« erwies sich als außerordentlich zählebig; sie bestand noch 1921 und blieb lange Zeit die einzige unabhängige Organisation, die die Bolschewiki nicht zu zerschlagen vermochten.

Alle Aufgaben der öffentlichen Dienste und des täglichen Lebens der Stadt wurden von den Bürgern selbst mittels

Häuserkomitees und Milizen wahrgenommen und ihre Erfüllung sichergestellt. Zug um Zug schritt man zur Sozialisierung der Wohnungen und aller städtischen Dienstleistungen. Vor der ›Inthronisierung‹ der Bolschewiki wurden in Kronstadt (und in anderen Orten) von den Bewohnern eines Hauses zunächst einmal Mieterversammlungen organisiert. Diese Versammlungen ernannten ein Mieterkomitee, in das energische Leute gewählt wurden, die auch in der Lage waren, die verschiedensten Aufgaben zu bewältigen. (Mit der Zeit kannten sich die Mieter natürlich sehr gut.) Das Komitee war für die Ordnung im Hause und für die Sicherheit seiner Bewohner zuständig; es organisierte die Nacht- und Tagwachen usw. Die Häuserkomitees delegierten eines ihrer Mitglieder in das Straßenkomitee, das sich mit allen Angelegenheiten befaßte, die die Straßen des Viertels betrafen. Die nächste Stufe war das Bezirkskomitee, das sich mit den Belangen der Stadt befaßte und das, in logischer und ungezwungener Weise, die notwendigen Zentralisierungen vornahm. Soweit die Aufgabenbereiche der verschiedenen Komitees.
Die Organisation der Miliz unterschied sich kaum von der der Komitees: Jedes Haus besaß einen Kern von Milizionären, die die Mieter stellten; als nächstes kam die Straßenmiliz, Bezirksmiliz usw.
Alles funktionierte wunderbar, denn die Beauftragten arbeiteten mit Freude an der Sache und mit Sachverstand, dessentwegen sie ja für die jeweilige Aufgabe gewählt wurden. Sie leisteten sorgfältige Arbeit und waren sich der Wichtigkeit ihrer Tätigkeit vollkommen bewußt.* Natürlich lösten die

* Zwischen August und November 1917 wohnte der Autor dieser Zeilen in Petrograd. Von hier aus begab er sich häufig nach Kronstadt, hielt dort Vorträge und verfolgte aufmerksam das freie und pulsierende Leben der Bevölkerung. Einige Einzelheiten der obigen Beschreibung stammen aus der ausgezeichneten russischen Broschüre eines Kronstädter Genossen der aktiv an allen Aktivitä-

Bolschewiki, nachdem sie an die Macht gelangt waren, diese Selbstverwaltung Stück um Stück auf und ersetzten sie durch eine ›mechanische‹, etatisische und von Funktionären getragene Organisation.

---

ten der Stadt teilnahm: E. Jartschuk, Kronstadt v russkoj revoliucii (Kronstadt in der russischen Revolution), New York 1923. (Vgl. auch die spanische Übersetzung. E. Yarchuk, Cronstadt. Su significacion en la Revolucion Rusa, Prologo de Dionisios, Barcelona, o. J.)

KAPITEL IV
Der Kronstädter Aufstand gegen die bolschewistische Herrschaft (März 1921)

Die ersten Auseinandersetzungen zwischen Kronstadt und der bolschewistischen Regierung

Wir kommen nun zur entscheidenden Phase des Dramas von Kronstadt: sein verzweifelter und heldenhafter Kampf gegen den neuen und vorläufig letzten Betrug (der Bolschewiki) im März 1921 und das Ende seiner Unabhängigkeit.

Zu den ersten Meinungsverschiedenheiten zwischen den Kronstädtern und der neuen Regierung kam es bereits unmittelbar nach der Oktoberrevolution.

Die Losung »Alle Macht den lokalen Sowjets« bedeutete für Kronstadt die Unabhängigkeit jeder Ortschaft, jedes Sowjets, jeder sozialen Organisation in allen eigenen Belangen von der politischen Zentrale des Landes: das Recht, Initiativen zu ergreifen, Entscheidungen und Maßnahmen zu treffen, ohne bei dieser ›Zentrale‹ um ›Erlaubnis‹ zu bitten. Nach dieser Auffassung konnte die ›Zentrale‹ den lokalen Sowjets ihren Willen weder vorschreiben noch aufzwingen, denn jede Arbeiter- oder Bauernorganisiation war ›Herr im Hause‹. Seine Tätigkeit hatte er auf die der anderen Organisationen abzustimmen, auf einer föderativen Basis. Die das ganze Land betreffenden Angelegenheiten sollten durch ein allgemeines föderatives Zentrum koordiniert werden.

Kronstadt nahm also an, daß - unter dem Schutz einer ›proletarischen‹ und ›freundschaftlichen‹ Regierung - eine freie Föderation der Sowjets und eine freie Föderation der Fabrikkomitees Schritt für Schritt eine starke organisierte Macht bilden würden, mit der die Errungenschaften der Sozialen Revolution verteidigt und die Revolution selbst hätte fortgesetzt werden können.

Doch die Regierung kümmerte sich natürlich um alles, außer um das vordringlichste Problem: die Arbeiter- und Bauernorganisationen bei ihrer endgültigen Befreiung zu unterstützen.
Ihr Hauptaugenmerk richtete sie auf die Festigung ihrer Macht, auf den Ausbau ihrer eigenen Vorherrschaft, auf ihre Beziehungen zu den anderen politischen Parteien, auf die Ausarbeitung von Plänen zur Zusammenarbeit mit den Resten der Bourgeoisie (»Arbeiterkontrolle über die Produktion«) usw. Um die Unabhängigkeit der Arbeiterorganisationen kümmerte sie sich herzlich wenig, ja, das war ihr vollkommen gleichgültig.
Mehr noch: Die Losung »Alle Macht den Sowjets« verstand sie in höchst merkwürdiger Weise. Sie wandte sie praktisch in umgekehrtem Sinne an: Anstatt den Arbeitermassen unter die Arme zu greifen, ihnen zu helfen, zu ihrer eigenen und autonomen Aktivität zu finden und diese auszuweiten, nahm sie ihnen gleich zu Anfang jede ›Macht‹ und behandelte sie wie besiegte Untertanen. Nach Gutdünken schloß sie die Betriebe und entließ deren Belegschaft, entgegen dem ausdrücklichen Beschluß derselben; willkürlich traf sie Zwangsmaßnahmen, ohne die betroffenen Arbeiter auch nur um ihre Meinung zu fragen; sie pfiff auf die Beschwerden von Seiten der Arbeiterorganisationen. Und vor allem beschränkte sie - unter verschiedenen Vorwänden - immer stärker die Handlungsfreiheit der Sowjets und der anderen Arbeiterorganisationen, setzte sich rücksichtslos - und sogar mit Gewalt - überall durch.
Das folgende Beispiel zeigt einmal mehr den Betrug sowie die Unfähigkeit der bolschewistischen Regierung vor den wirklichen Problemen der Revolution.
Zu Beginn des Jahres 1918 faßte die Kronstädter Bevölkerung nach ausgedehnten Debatten und vielen Versammlungen den Beschluß, zur »Sozialisierung der Häuser und Wohnungen« zu schreiten.

Zunächst mußte hierfür die Zustimmung und die Mitarbeit des örtlichen Sowjets gewonnen werden; der nächste Schritt war der Aufbau einer kompetenten Organisation, deren Aufgabe es war, die Gebäude und Räumlichkeiten zu erfassen, ihren Zustand zu überprüfen, die Wohnungen auf gerechteste Weise zu verteilen, sie instand zu setzen, einen Reparatur- und Baudienst einzusetzen usw.
Eine abschließende große Volksversammlung beauftragte einige Sowjetmitglieder - linke Sozialrevolutionäre und Anarcho-Syndikalisten - die Sache auf der nächsten Plenarsitzung vorzubringen.
Von den Beauftragten wurde ein detaillierter Plan entworfen und beim Büro des Sowjets hinterlegt.
Der erste Artikel des Plans erklärte: »Das Privateigentum an Grund und Boden und an Gebäuden ist ab sofort abgeschafft.«
Andere Artikel gingen mehr ins Detail:

- die Verwaltung jeden Hauses obliegt ab jetzt dem Hauskomitee, das von der Mieterversammlung gewählt wird;
- die wichtigen Angelegenheiten, die das Haus betreffen, werden von Mieter-Vollversammlungen diskutiert und entschieden;
- Angelegenheiten, die einen ganzen Bezirk betreffen, werden von Vollversammlungen seiner Bewohner geprüft; in ihrer Mitte werden Bezirkskomitees gewählt;die Stadtteilkomitees befassen sich mit den Angelegenheiten, die einen ganzen Stadtteil betreffen;
- die Delegierten aller Stadtteile schließlich bilden das ›Städtische Exekutivbüro der Hauskomitees‹, das zuständig ist für Angelegenheiten die die ganze Stadt betreffen.

Die bolschewistischen Mitglieder des Sowjet verlangten eine Vertagung der Diskussion des Projekts auf acht Uhr mit dem Hinweis auf die Wichtigkeit des Problems und die Notwendigkeit einer eingehenden Prüfung.

Dieser Aufschub wurde vom Sowjet gebilligt, und die Bolschewiki begaben sich daraufhin sofort nach Petrograd, um von der ›Zentrale‹ Instruktionen einzuholen.

Auf der anschließenden Sitzung beantragten sie die Rücknahme des vorgelegten Projekts und erklärten, daß ein so bedeutendes Problem nur im Rahmen des ganzen Landes gelöst werden könne; Lenin sei schon dabei, ein Dekret zu dieser Frage auszuarbeiten, und überhaupt solle der Kronstädter Sowjet im Interesse der Sache auf die Instruktionen der Zentrale warten.

Die linken Sozialrevolutionäre, die Maximalisten und die Anarcho-Syndikalisten beantragten die sofortige Diskussion und gewannen die Abstimmung.

Im Verlauf der Debatten betonte die extreme Linke die Notwendigkeit einer an die Diskussion sich anschließenden Abstimmung und – im Falle der Annahme des Projekts – einer unverzüglichen praktischen Inangriffnahme desselben.

Daraufhin bildeten die Sozialdemokraten (Menschewiki) und die Bolschewiki eine ›Einheitsfront‹, erhoben sich und verließen den Saal. Ironischer Beifall mischte sich mit Ausrufen wie: »Da haben wir's, endlich sind sie vereint!«

In der Absicht, die Sache wieder in Ordnung zu bringen, machte ein maximalistischer Delegierter den Vorschlag, die Artikel einzeln zur Abstimmung vorzulegen, um den Bolschewiki die Möglichkeit zu geben, an der Verhandlung und an der Abstimmung wieder teilzunehmen und so den falschen Eindruck zu beseitigen, den ihr Auszug hinterlassen hatte: den Eindruck, sie seien gegen die Abschaffung des Privateigentums.

Der Vorschlag wurde angenommen. Inzwischen merkten die Bolschewiki, daß sie taktisch ungeschickt vorgegangen waren. Sie nahmen wieder ihre Plätze ein und stimmten für den ersten Artikel: »Das Privateigentum an Grund und Boden und an Gebäuden ist ab sofort abgeschafft.«

Damit hatten sie ihr ›prinzipielles‹ Votum abgegeben. Als man jedoch zur Diskussion der einzelnen Artikel kam, die sich mit den Möglichkeiten der unmittelbaren Realisierung dieses Prinzips befaßten, verließen sie erneut den Saal. Einige Bolschewiki glaubten jedoch, sich in dieser Sache nicht der ›Parteidisziplin‹ unterwerfen zu können. Sie blieben auf ihren Plätzen, nahmen an der Diskussion teil und stimmten für den Plan. Sie erklärten, von ihren Wählern formell beauftragt zu sein, für die Realisierung dieses Projekts zu stimmen. Nichtsdestoweniger erhielten sie einen scharfen Verweis und wurden »wegen anarcho-syndikalistischer Neigung« aus der Partei ausgeschlossen.

Das Projekt wurde angenommen.

Doch lange Zeit tobte um diese Sache noch ein leidenschaftlicher Kampf in den Werkstätten, in den Bataillonen, auf den Schiffen. (Kronstadt war noch nicht an die Kette gelegt.) Eine Versammlung löste die andere ab. Die Mitglieder des Sowjets wurden aufgefordert, über die Vorfälle bei der Diskussion und über ihre Haltung öffentlich zu berichten. Einige Bolschewiki, die sich dem Projekt widersetzten, wurden von ihren Wählern aus dem Sowjet abberufen.

Nach diesen Ereignissen eröffneten die Bolschewiki eine heftige Kampagne gegen die Anarcho-Syndikalisten und versuchten, die Verwirklichung des angenommenen Projekts zu sabotieren.

Doch ihre Bemühungen waren umsonst. Wenig später wurden die verschiedenen Komitees gebildet und nahmen ihre Arbeit auf. Der Entwurf trat in Kraft. Das Prinzip »Jeder Einwohner hat das Recht auf eine anständige Wohnung« wurde Wirklichkeit.

Alle Wohnungen wurden systematisch aufgesucht, geprüft und registriert, um eine gerechtere Verteilung vornehmen zu können.

Auf der einen Seite entdeckte man entsetzliche Elendsquartiere, in denen manchmal mehrere Familien zusammengepfercht waren, während auf der anderen Seite Wohnungen mit zehn bis fünfzehn Zimmern, sonnig und komfortabel eingerichtet, nur von ein paar Personen belegt waren. Der Direktor der Ingenieurschule zum Beispiel, Junggeselle bewohnte allein ein Luxusappartement mit 20 Zimmern. Als die Kommission sich zur Aufnahme seines Appartements einfand und seinen ›Lebensraum‹ zugunsten einiger unglücklicher Familien, die aus ihren ungesunden Löchern herausgeholt wurden, beschneiden wollten, da protestierte er lautstark gegen diesen »gemeinen Raub«.

Bald konnten alle, die in Elendsbaracken, in verpesteten Mansarden und feuchten Kellerlöchern gehaust hatten, in etwas gesünderen und bequemeren Wohnungen untergebracht werden.

Für Reisende wurden einige Hotels hergerichtet.

Jedes Stadtteilkomitee richtete eine Werkstatt ein, die mit den Reparatur- und Ausbauarbeiten an den Gebäuden beauftragt wurden. Diese Werkstätten arbeiteten erfolgreich.

Später zerstörte die bolschewistische Regierung diese Organisation und tilgte ihre konstruktiven Ansätze. Die Verwaltung der Häuser wurde von einer rein bürokratischen, von oben zentralisierten Institution übernommen: der ›Zentrale für Grund und Boden und Gebäude‹, die dem ›Volkswirtschaftsrat‹ angeschlossen war. Diese Zentrale installierte in jedem Wohnhaus, jedem Viertel und jedem Stadtteil einen Funktionär oder besser einen Polizisten, der vor allem die Ein- und Ausgänge des Hauses zu überwachen hatte, der Umzüge von Bewohnern des Viertels und Verletzungen der Übernachtungsvorschriften und der Visa-Verordnungen zu melden hatte, der ›Verdächtige‹, anzeigen mußte usw.

Mehrere bürokratische Dekrete und sterile Verordnungen wurden erlassen. Alle positiven, konkreten Arbeiten wurden aufgegeben. Die betroffene Bevölkerung wurde ganz herausgehalten (wie in anderen Bereichen des sozialen Lebens), und so verfiel alles wieder in Trägheit und Stagnation. Die besten Gebäude wurden für staatliche Behörden und Beamtenwohnungen reserviert. Die anderen Häuser wurden mehr oder weniger ihrem Schicksal überlassen und verkamen.

Die Vorbeugungsmaßmahmen der Regierung

Als Folge solcher Vorgehensweisen der neuen Regierung in allen Bereichen des sozialen Lebens erkannten die Matrosen von Kronstadt bald den Betrug, begriffen, daß sie sich von den falschen Losungen vom »proletarischen Staat«, von der »Diktatur des Proletariats«, hatten einwickeln lassen. Sie erkannten, daß sich unter dem Schein der Freundschaft neue Feinde der werktätigen Massen auf den Thron gesetzt hatten. Sie machten aus ihrer Enttäuschung keinen Hehl. Eine zunächst friedliche, doch bestimmte Opposition gegen die bürokratischen, willkürlichen, antisozialen und antirevolutionären Schritte der Regierung machte sich seit Ende 1917, knapp zwei Monate nach der Oktoberrevolution, bemerkbar. Doch die Bolschewiki waren auf der Hut. Die Regierung wußte genau mit wem sie es in Kronstadt zu tun hatte. Sie konnte sich nicht sicher fühlen, solange so nahe bei Petrograd diese Hochburg der wahren Revolution bestand.

Ihre Macht und ihr Widerstand mußten um jeden Preis gebrochen werden.

Die Regierung entwarf einen machiavellischen Plan. Da sie Kronstadt nicht offen, ›frontal‹ anzugreifen wagte, begann sie es - systematisch und heimtückisch - zu schwächen, auszulaugen, zu verschleißen und zu erschöpfen. Mit einer Reihe getarnter Maßnahmen beraubte sie Kronstadt seiner besten Kräfte, zog seine kämpferischsten Elemente ab, um es zu ›zerbröckeln‹ und schließlich auszulöschen.

Vor allem nahm sie mehr denn je den revolutionären Enthusiasmus, die Kräfte und die Fähigkeiten der Matrosen in Anspruch.

Als kurz nach dem Oktober die Versorgungslage in den Städten katastrophal wurde, forderte die Regierung die Kronstädter auf, besondere Propagandatrupps aufzustellen und in die Provinz zu entsenden, aufs Land und in die Dörfer, um den Bauern die Gedanken der revolutionären Solidarität und Pflicht zu predigen, insbesondere ihnen die Notwendigkeit der Ernährung der Städte klarzumachen. Das revolutionäre Renommee der Kronstädter, sagten die Bolschewiki, könnte der Sache unschätzbare Dienste leisten: Den Matrosen würde es eher als jedem anderen gelingen, die Bauern dazu zu bringen, einen Teil ihrer Ernte den hungernden Arbeitern zu überlassen.

Kronstadt fügte sich. Zahlreiche Gruppen brachen ins Landesinnere auf und erfüllten ihre Aufgabe. Doch anschließend wurden fast alle Einheiten aufgelöst und in alle Winde verstreut. Aus den verschiedensten Gründen mußten ihre Mitglieder im Innern des Landes bleiben und kehrten nicht mehr nach Kronstadt zurück.

Außerdem zog die Regierung laufend starke Einheiten aus Kronstadt ab, um sie überall dorthin zu schicken, wo die Situation im Innern schwankend, bedrohlich, gefährlich wurde.

Kronstadt begehrte nie dagegen auf. Wie viele tapfere Genossen und Kämpfer sahen niemals ihr Schiff oder ihre Kaserne wieder?!

Auch verlangte man von Kronstadt ständig Leute für Funktionen oder Posten, in denen Spezialkenntnisse, besonderes Verantwortungsbewußtsein oder bewährter Mut erforderlich waren.

Kronstadt lehnte nie ab.

Truppenführer, Zug-, Panzerwagen- und Stationskommandanten, hochqualifizierte Arbeiter, Mechaniker, Dreher, Monteure usw. wurden fortwährend aus dem Kronstädter Reservoir geschöpft.

Kronstadt brachte alle von ihm geforderten Opfer.

Als die Erhebung Kaledins im Süden bedrohliche Ausmaße annahm, war es wieder Kronstadt, das ihm starke Kräfte entgegen schickte, das erheblich zur Vernichtung des Feindes beitrug und viele Kämpfer auf dem Schlachtfeld ließ.

Alle diese einleitenden Maßnahmen wurden schließlich durch einen Keulenschlag zum Abschluß gebracht, den das bereits sehr geschwächte Kronstadt nicht wirksam parieren konnte.

Als die Matrosen bei der Rückkehr von ihrem Feldzug gegen Kaledin im Februar 1918 den Zug an der Endstation verließen, wo sich vor ihnen der schneebedeckte Finnische Meerbusen öffnete, sahen sie voller Erstaunen, daß die Straßen über das Eis schwarz von Leuten war: Matrosen von Kronstadt, die sich, ihr Bündel auf dem Rücken, Richtung Petrograd bewegten.

Bald erfuhren die Heimkehrer die bittere Wahrheit aus dem Munde der Abreisenden.

Entgegen der Resolution, die kurz nach der Oktoberrevolution vom Allrussischen Matrosenkongreß gefaßt wurde und die verkündete, daß, nach dem übereinstimmenden Auftrag der Delegierten, die Flotte nicht demobilisiert, sondern als revolutionäre Kampfeinheit unangetastet bleiben würde, hatte der Rat der Volkskommissare Anfang Februar 1918 sein berühmtes Dekret veröffentlicht, in dem die bisherige Flotte für aufgelöst erklärt wurde. Auf neuen Grundlagen sollte eine neue ›Rote Flotte‹ geschaffen werden. Jeder Rekrut mußte jetzt einen individuellen Vertrag unterzeichnen, durch den er ›freiwillig‹ in die Marine eintrat. Bezeichnenderweise war die versprochene Heuer der Matrosen sehr verlockend.

Die Matrosen weigerten sich, dem Dekret Folge zu leisten.

Die Regierung antwortete mit einem Ultimatum: entweder Unterwerfung oder Einstellung der Nahrungsmittelzufuhr binnen 24 Stunden.

Kronstadt fühlte sich nicht stark genug, um bis zum Ende durchzuhalten. Mit Zorn im Herzen und mit Verwünschungen der neuen ›revolutionären‹ Macht packten die Matrosen ihre Sachen und verließen ihre Zitadelle, wobei sie nicht versäumten, einige Maschinengewehre mitzunehmen: »Vielleicht brauchen wir sie noch«, sagten sie, »sollen die Bolschewiki ihre künftigen Söldner doch selber bewaffnen!«
(Wie man weiß, entwaffnete die bolschewistische Regierung einige Monate später die gesamte Bevölkerung. Ausnahmslos jeder Bürger, gleichgültig um wen es sich handelte und wo er sich befand, wurde aufgefordert, seine Waffen den lokalen Behörden auszuliefern, andernfalls hätte er mit seiner Erschießung zu rechnen.)
Später kehrte eine Anzahl Matrosen von den revolutionären Fronten nach Kronstadt zurück und reorganisierten sich bis zu einem gewissen Grad. Aber das war nur noch eine Handvoll ohne Bedeutung. Die Hauptkräfte waren über das riesige Land verstreut.*
Das neue Kronstadt war nicht mehr wie früher.
Die Regierung konnte sich wiederholt davon überzeugen.
So zum Beispiel, als bei den Friedensverhandlungen mit Deutschland der Kronstädter Sowjet - wie die erdrückende Mehrheit der anderen Sowjets - gegen den Frieden mit den Generälen votierte. Alle Meetings und Versammlungen sprachen sich gegen einen solchen Frieden aus. Da annullierten die Bolschewiki, nach einigen Vorkehrungen, das erste Votum, brachten die Frage ein zweites Mal vor und setzten eine Friedensresolution durch. Kronstadt gab nach.

---

* In Anbetracht der Kronstädter Ereignisse vom März 1921, die Volin später beschreibt, scheinen die revolutionären Kräfte durch die Umwandlung der Marine doch nicht so geschwächt worden zu sein, wie es hier angedeutet wird. (Anm. d. Übers.)

Nach dem Friedensschluß und der schließlichen Auflösung des kompakten revolutionären Blocks (Kronstadt, die Schwarzmeerflotte usw.) hatte die Regierung freie Hand, ihre Diktatur über das werktätige Volk zu konsolidieren.
Als sie im April 1918 in Moskau und in vielen anderen Städten die anarchistischen Gruppen angriff, ihre Büros schloß, ihre Presse verbot und die anarchistischen Genossen ins Gefängnis warf, da zeigte Kronstadt noch einmal seine Krallen. Doch sie besaßen nicht mehr ihre einstige Schärfe. Jetzt konnten die Matrosen nicht mehr »ihre Kanonen gegen die Diktatoren wenden«. Im übrigen befanden sich diese auch nicht mehr in Reichweite ihrer Waffen: Wie manche frühere Tyrannen hatten sie sich hinter den Mauern des Moskauer Kreml verschanzt. Kronstadt mußte sich mit zwei Protestresolutionen begnügen: Die eine wurde auf einer riesigen Versammlung auf dem ruhmreichen Ankerplatz, die andere vom Sowjet verabschiedet.
Sofort begann eine brutale Repression gegen den »Stolz und Ruhm der Revolution«. Die Bolschewiki verboten die spontane Einberufung von Versammlungen. Der Sowjet wurde aufgelöst und durch einen neuen, gefügigeren ersetzt. Die Versammlungen, das Wort, die Presse usw. wurden, wie überall, der Kontrolle des Staates unterworfen. Eine Sektion der Tscheka wurde in die Stadt verlegt. Allenthalben wurden ›Kommunistenzellen‹ gegründet: in den Werkstätten, in den Regimentern, auf den Schiffen.
Jeder wurde von Spitzeln überwacht. Für die geringste Kritik an den Maßnahmen der Bolschewiki wurden die ›Schuldigen‹ ergriffen und nach Petrograd verfrachtet, wo sie meistens verschwanden.
Ein einziges Mal bäumte sich Kronstadt entschlossen auf und setzte sich auch durch. Das Linienschiff Petropawlowsk weigerte sich rundweg, einen anarchistischen Matrosen (namens Skurikin) den Behörden auszuliefern. Dieses Mal verzichteten

die Bolschewiki auf weitere Maßnahmen; es wäre auch unklug gewesen, wegen eines einzelnen Mannes einen Aufstand zu riskieren. Es war auch nicht der Mühe wert, denn früher oder später würde man den guten Mann ja doch bekommen.

Abgesehen von diesem mißlichen Fall konnte sich die bolschewistische Regierung gratulieren: Kronstadt, die Avantgarde der Revolution, war geschlagen, geduckt unter der eisernen Faust der ›kommunistischen‹ Macht.

Dies war allerdings nur die halbe Wahrheit.

Monatelang war Kronstadt ohnmächtiger Zeuge des Betrugs, der Frechheiten und Verbrechen der Totengräber der Revolution.

Vom Urlaub zurückgekehrte Matrosen berichteten, wie die ›Arbeitermacht‹ mit den Arbeitern umsprang. Auf dem Land wurden unterschiedslos bei allen Bauern der letzte Weizen, das letzte Stück Vieh, oft sogar Haushaltsgegenstände requiriert, was die Bauern zu einer Hungerexistenz verdammte, nicht einmal vor Verhaftungen und Massenerschießungen der Widerspenstigen schreckte man zurück. Im Umkreis der Städte konfiszierten bewaffnete Sperren ein paar lumpige Sack Mehl, meistens bei Bauern, die ihren ausgehungerten Verwandten etwas mitbringen wollten; wer sich widersetzte, wurde ins Gefängnis geworfen. Und gleichzeitig »übersah man« die wirklichen Händler, die ihre Waren zu Spekulationszwecken in die Städte verfrachteten, denn die konnten ja gute Schmiergelder zahlen.

»Das werktätige Volk ist entwaffnet«, sagten die zurückkehrenden Matrosen; »es ist jetzt klargeworden, daß die allgemeine Volksbewaffnung, die Freiheit des Wortes und der Tat nicht nur den notorischen Konterrevolutionären Angst einjagt, sondern auch denjenigen, die den wahren Weg der Revolution verlassen haben. Man baut die Rote Armee auf, die wie jede Armee auf der Welt zur blinden Macht in der Hand der herrschenden Partei wird. Losgelöst von der Basis, von der Fabrik, von den Arbeitskameraden, werden die Soldaten gehätschelt und von trügerischen Losungen angelockt, sie werden einer stumpfsinnigen Disziplin unterworfen und aller Möglichkeiten beraubt, organisiert etwas zu unternehmen: So können sie von den Führern, wer immer diese auch sind, ohne Mühe im gewünschten Sinne gehandhabt werden.«

Kronstadt horchte, beobachtete und bebte vor Empörung, doch es fühlte sich nicht stark genug, etwas zu unternehmen. Das übrige Volk wurde immer enger gefesselt, wurde mundtot gemacht, unterjocht, zertreten.

Die Petrograder Arbeiter erheben sich gegen die Bolschewistische Regierung

Trotz aller Vorkehrungen brach schließlich doch der Sturm los. Nicht in Kronstadt, sondern in Petrograd begann es zu grollen.

Ende Februar 1921 wurde die Lage der Arbeitermassen in den Städten unhaltbar.

Das gesamte Leben befand sich in Auflösung. Es fehlten die dringendsten Lebensmittel, sogar Brot war rationiert und kaum mehr aufzutreiben. Mangels Brennmaterial waren die Wohnungen nicht mehr zu beheizen, auch die Eisenbahn geriet in große Schwierigkeiten. Zahlreiche Fabriken schlossen ihre Tore, was die Situation noch verschärfte. Appelle, Anfragen und Beschwerden der Arbeiter blieben unbeantwortet. Die bolschewistische Regierung war sich über den Ernst der Lage völlig im klaren, ja, sie gestand ihre Ohnmacht offen ein. Aber sie weigerte sich beharrlich, in irgendeinem Punkt von ihrer Linie abzurücken. Sie lehnte es sogar ab, mit den unzufriedenen Arbeitern wenigstens zu diskutieren. Jedes Angebot zur Mitarbeit, jede Initiative wurde von vornherein zurückgewiesen. Anstatt wirkliche Abhilfe zu schaffen, verlegte sich die Regierung immer mehr auf Requisitionen, militärische Einsätze, auf Repressionsmaßnahmen, auf Willkür und blanke Gewalt. Die Folge waren ernste Unruhen in Petrograd.

Einige der wichtigsten Betriebe improvisierten Arbeiter-Vollversammlungen, auf denen regierungsfeindliche Resolutionen verfaßt und ein Regimewechsel gefordert wurden. Proklamationen im selben Sinne tauchten in den Werkstätten und in der ganzen Stadt auf. Eine dumpfe Erregung hatte die Massen ergriffen.

Es war unvermeidlich, daß sich in dieser breiten Volksbewegung verschiedene Tendenzen mischten und sich gegenseitig behinderten. In einer Situation, in der es keinerlei freies Denken, keine freie Diskussion gab, in der zahlreiche Revolutionäre hinter Gittern saßen, war die ganze aufflammende Bewegung notwendigerweise verschwommen und wirr. Da sich die Revolution in einem falschen Fahrwasser befand, war die ganze Bewegung unweigerlich verzerrt.

Unter diesen Umständen war es kein Wunder, daß bestimmte Elemente der Bewegung unter dem Einfluß antirevolutionärer Propaganda - vor allem der gemäßigten Sozialisten - Maßnahmen und Lösungen vorschlugen, die die Revolution zurückzunehmen suchten, anstatt sie aus der Sackgasse herauszuführen und sie voranzutreiben.

So wurde zum Beispiel von einer Richtung die Rückkehr zum freien Handel und vor allem die Einberufung der Konstituierenden Versammlung gefordert.

Nichtsdestoweniger sind drei entscheidende Punkte hervorzuheben:

1. Die fraglichen Elemente hatten bei weitem nicht das Übergewicht in der Bewegung als ganzes. Sie waren weder am stärksten noch am kühnsten. Die Freiheit der Propaganda der Linken, die Freiheit der Aktion der Massen konnten, mit der ehrlichen Unterstützung der Bolschewiki, die Situation noch retten, konnten eine

Lösung herbeiführen und der Revolution neuen Schwung in die richtige Richtung geben.

2. Vergessen wir nicht, daß insgesamt betrachtet auch der Bolschewismus ein reaktionäres System darstellte. Es waren also zwei reaktionäre Kräfte im Spiel: die eine bestand aus gewissen antibolschewistischen Kräften, und wollte die Revolution rückgängig machen; die andere war der Bolschewismus selbst, der die Revolution lähmte und erstarren ließ. Die einzigen wirklich revolutionären Kräfte standen anderswo.
3. Von diesen anderen, wirklich revolutionären Kräften war gerade Kronstadt die wichtigste.

Die Kronstädter strebten eine Lösung an, die zwar gegen den Bolschewismus gerichtet war, jedoch nicht das geringste mit solch reaktionären Ideen wie der Konstituierenden Versammlung oder der Rückkehr zum Privatkapitalismus zu tun hatte; die Kronstädter Aktivitäten zu Beginn der Unruhen beweisen das.

Als Antwort auf etliche reaktionäre Proklamationen und auf die Propaganda, die die Einberufung der Konstituierenden Versammlung forderte, schickte Kronstadt (natürlich heimlich) Delegierte in die Petrograder Betriebe und Fabriken, die den Arbeitern folgende Nachricht überbrachten:

»Die ganze revolutionäre Energie Kronstadts, seine Kanonen und Maschinengewehre werden sich gegen die Konstituierende Versammlung und gegen jede Rückkehr zu überholten Verhältnissen richten. Wenn sich aber die Arbeiter, die über die ›Diktatur des Proletariats‹ keine Illusionen mehr haben, gegen die neuen Herrscher erheben, für ›freie Sowjets‹, für die Freiheit des Wortes, der Presse, der Organisation und Aktion der Arbeiter und Bauern und aller ideologischen Richtungen: Anarchisten, linke Sozialrevolutionäre usw., wenn sich die Arbeiter für eine dritte, wahrhaft proletarische Revolution, für die Losungen des Oktober erheben, dann wird Kronstadt sie einmütig und mit allen Kräften unterstützen; dafür wird Kronstadt bereit sein, zu siegen oder zu sterben.« Die spontanen Versammlungen in den großen Betrieben begannen am 22. Februar.

Am 24. nahmen die Unruhen eine gefährliche Wendung.

In den frühen Morgenstunden wurde, zum Zwecke der ›Säuberung‹, eine Überprüfung der Personalausweise der Arbeiter in den Trubotschny-Werken, einem der wichtigsten Petrograder Betriebe, vorgenommen. Das brachte das Faß zum Überlaufen. In der Fabrik wurde die Arbeit niedergelegt. Einige hundert Arbeiter informierten andere Betriebe und forderten die Belegschaften ebenfalls zur Arbeitsniederlegung auf. Wenig später schlossen sich die Baltischen Werke, der Laferm-Betrieb und die Munitionsfabrik Patronny dem Streik an. Eine Menge von zwei- bis dreitausend aufgebrachten Arbeitern setzte sich in Bewegung und versuchte eine Demonstration zu machen. Die ›Arbeiter- und Bauernregierung‹, die bereits über einige Spezialtruppen verfügte, die ausreichten, um solche Bewegungen niederzuschlagen, schickte ihnen einige Abteilungen der Militärakademie, Offiziersanwärter (sogenannte Kursanti) entgegen. Zwischen den Truppen und der unbewaffneten Menge kam es zu Zusammenstößen. Einige Versammlungen wurden von der Polizei und von den Truppen verhindert.

Am 25. Februar spitzte sich die Situation weiter zu. Die Bewegung breitete sich über die ganze Stadt aus. Die Streikenden veranlaßten auch die Arbeiter der Admiralitätsarsenale und des Galernaja-Hafens zur Niederlegung der Arbeit.

Überall versammelten sich Massen von Arbeitern und wieder wurden sie von Spezialeinheiten auseinandergetrieben.

Angesichts der Ausbreitung der Wirren alarmierte die Regierung die Garnison der Hauptstadt. Doch auch bis hierher hatte die Gärung bereits übergegriffen und einige Einheiten weigerten sich offen, gegen die Arbeiter vorzugehen. Sie wurden unverzüglich entwaffnet, aber die Regierung konnte mit den Garnisonstruppen nicht mehr rechnen. Doch es ging auch ohne sie, denn die Regierung zog aus der Provinz und von einigen ›Fronten‹ des Bürgerkriegs kommunistische Eliteeinheiten in Petrograd zusammen.

Am gleichen Tag richtete die Regierung in Petrograd ein ›Verteidigungskomitee‹ unter dem Vorsitz von Sinowjew ein, das die Aktionen zur Niederschlagung der Bewegung koordinieren sollte.

Auf der Sitzung des Petrograder Sowjets am 26. Februar gab der bekannte Kommunist Laschewitsch, Mitglied des besagten Verteidigungskomitees sowie des Revolutionären Kriegsrates der Republik, einen Lagebericht. Darin bezeichnete er die Arbeiter der Trubotschny-Werke als Rädelsführer der Bewegung und als »Leute, die nur ihren eigenen Vorteil im Sinn haben«, als »Konterrevolutionäre«. Die Folge war die Schließung der Fabrik, die Arbeiter saßen auf der Straße und hatten automatisch ihre Lebensmittelration verloren.

Auf derselben Sitzung machte der Kommissar der Baltischen Flotte, Kusmin, zum ersten Mal auf eine gewisse Unruhe unter den Besatzungen der in Kronstadt vor Anker liegenden Kriegsschiffe aufmerksam.

Am 27. Februar wurde eine große Zahl von Aufrufen verschiedenster Art in den Straßen verteilt und an den Mauern angeschlagen. Charakteristisch hierfür war z.B. folgender:

»Eine grundlegende Änderung der gesamten Politik der Regierung ist unumgänglich, und zuerst einmal müssen die Arbeiter und Bauern die Freiheit erlangen Sie wollen nicht nach den Vorschriften der Bolschewiki leben, sie wollen selbst über ihr Schicksal entscheiden.

Genossen, haltet die revolutionäre Ordnung aufrecht. Fordert geschlossen und hartnäckig: Die Freilassung aller verhafteten Sozialisten und parteilosen Arbeiter, Aufhebung des Belagerungszustandes, Rede-, Presse- und Versammlungsfreiheit für alle Werktätigen;

Freie Neuwahlen der Betriebskomitees, der Gewerkschaften und der Sowjets. Beruft Versammlungen ein, verfaßt Resolutionen!«

Die Regierung antwortete mit Massenverhaftungen und mit der Auflösung verschiedener Arbeiterorganisationen.
Am 28. Februar überfluteten die kommunistischen Spezialtruppen, die eilends herbeigeschafft wurden, ganz Petrograd. Eine erbarmungslose Repression traf die Arbeiter, die - waffenlos - keinen Widerstand leisten konnten. Innerhalb von zwei Tagen war der Streik mit Waffengewalt gebrochenen und die Arbeiterbewegung in Petrograd »mit eiserner Hand« (Trotzki) niedergeworfen.
An jenem 28. Februar setzte sich auch Kronstadt in Bewegung.

Kronstadt unterstützt die Petrograder Arbeiter – Seine erste Aktion – Die Antwort der Regierung

An diesem 28. Februar faßte die Besatzung des Linienschiffes Petropawlowsk, die bereits seit einigen Tagen von der Unruhe erfaßt war, eine Resolution, die sogleich von der Mannschaft der Sewastopol gebilligt wurde. Die Bewegung griff schnell auf die ganze Kronstädter Flotte über, und bald sprang der Funke auch auf die Garnisonstruppen über.
Die Resolution war keineswegs aggressiv und beschränkte sich auf die Formulierung der Bestrebungen der Arbeiter und Matrosen. Einige Matrosenabordnungen wurden nach Petrograd geschickt, um mit den Arbeitern in der Hauptstadt in engen Kontakt zu treten und zuverlässige Informationen über die Lage zu erhalten.
Die Bewegung der Matrosen hatte also rein friedlichen Charakter und war zunächst loyal. Für einige Forderungen sagten sie den Arbeitern ihre Unterstützung zu, was in einem ›Arbeiterstaat‹ und unter einer ›proletarischen Regierung‹ durchaus nicht abwegig war.

Am 1. März fand auf dem Ankerplatz eine öffentliche Versammlung statt, die vom Ersten und Zweiten Geschwader der Baltischen Flotte offiziell einberufen war. Die Ankündigung dieser Versammlung war im Organ des Kronstädter Sowjets veröffentlicht worden.

Am selben Tag erschienen in Kronstadt der Vorsitzende der Allrussischen Exekutivkomitees, Kalinin, und der Kommissar der Baltischen Flotte Kusmin. Kalinin wurde mit militärischen Ehren, mit Musik und Fahnen empfangen.

Etwa 16.000 Rotarmisten und Arbeiter kamen zu der Versammlung. Sie wurde vom Vorsitzenden des Kronstädter Sowjets, dem Kommunisten Wassiljew geleitet. Auch Kalinin und Kusmin waren anwesend.

Zunächst berichteten die Kommissionen, die nach Petrograd gesandt worden waren, um sich ein Bild von der dortigen Lage zu machen. Empört brachte die Versammlung ihre Mißbilligung der Methoden zum Ausdruck, mit denen die Kommunisten die gerechten Forderungen der Petrograder Arbeiter unterdrückten. Danach wurde die von der Petropawlowsk am 28. Februar verabschiedete Resolution verlesen. In der Diskussion wandten sich der Kommissar Kusmin und der Vorsitzende Kalinin scharf gegen die Resolution, gegen die Petrograder Streikenden und die Matrosen von Kronstadt. Ihre Reden hatten aber keinen Erfolg. Die Resolution der Petropawlowsk, die von einem Matrosen verlesen wurde, wurde einstimmig angenommen.

»Die Resolution wurde von der überwältigenden Mehrheit der Kronstädter Garnison angenommen. Sie wurde am 1. März auf einer Versammlung der ganzen Stadt in Anwesenheit von etwa 16.000 Einwohnern verlesen und einstimmig angenommen.

Der Vorsitzende des Kronstädter Exekutivkomitees, Wassiljew, stimmte gemeinsam mit dem Genossen Kalinin gegen die Resolution«, vermerkte der Kommissar der Flotte, Kusmin, in seinem Bericht über das Ergebnis der Abstimmung.

Der Text dieses historischen Dokuments lautet:

Resolution der Vollversammlung aller Mannschaften des Ersten und Zweiten Geschwaders der Baltischen Flotte am 1. März 1921.

Wir haben den Bericht des Ausschusses angehört, den die Versammlung aller Matrosen der Baltischen Flotte nach Petrograd entsandte, um die Lage dort zu erkunden, und wir beschließen daraufhin:

1. Angesichts der Tatsache, daß die gegenwärtigen Sowjets nicht mehr den Willen der Arbeiter und Bauern zum Ausdruck bringen, unverzüglich geheime Wahlen auszuschreiben und für den Wahlkampf die volle Freiheit für die Agitation bei den Arbeitern und Bauern zu sichern;
2. Den Arbeitern und Bauern, Anarchisten und Linkssozialisten Rede- und Pressefreiheit zu gewähren;*

---

* Man muß Kronstadt gekannt haben, um den wirklichen Sinn dieser Formulierung zu verstehen, Sie erweckt in der Tat den Anschein, als solle die Rede- und Pressefreiheit eingeschränkt werden, denn diese werden nur für die linksextremen Strömungen gefordert. Die Resolution erwähnt jedoch deshalb diese Richtungen, weil sie über den wirklichen Charakter der Bewegung keinen Zweifel aufkommen lassen will.

Seit Beginn der Revolution, unmittelbar nach den ersten Tagen, in denen das Blut der verhaßten übereifrigen Offiziere geflossen war, herrschte in Kronstadt umfassende Freiheit. Die Bürger waren völlig ungehindert in der Äußerung ihrer Meinungen. Nur ein paar eingefleischte Zaristen blieben im Gefängnis. Doch sobald der spontane Wutausbruch vorbei war, sobald die Vernunft über den Instinkt der Selbsterhaltung siegte, wurde auf den Versammlungen die Frage einer Generalamnestie aufgeworfen, so sehr waren den Kronstädtern Gefängnisse verhaßt. Man faßte die Freilassung aller Gefangenen ins Auge, allerdings nur innerhalb der Stadt: In Kronstadt selbst hatten reaktionäre Umtriebe keinerlei Chance, aber die Matrosen wollten keine Konterrevolutionäre für andere Gegenden liefern. Die Aktionen Kerenskis riefen eine neue Welle des Zorns hervor und man nahm Abstand von diesem Plan. Doch war dieser Ausbruch des Affekts zugleich der letzte. Von diesem Augenblick an kam es in Kronstadt zu keinem einzigen Fall von Verfolgung wegen politischer Ideen. Alle Meinungen konnten frei geäußert und verbreitet werden. Die Tribüne des Ankerplatzes stand allen offen.

3. Allen Gewerkschaften und Bauernorganisationen die Versammlungs- und Organisationsfreiheit zu gewähren;
4. Spätestens bis zum 10. März 1921 eine überparteiliche Konferenz der Arbeiter, der Soldaten der Roten Armee und der Matrosen von Petrograd, Kronstadt und der Provinz einzuberufen;
5. Alle politischen Gefangenen, die sozialistischen Parteien angehören, freizulassen, und alle Arbeiter, Bauern und Matrosen aus der Haft zu entlassen, die im Zusammenhang mit Arbeiter- und Bauernunruhen eingesperrt worden sind;
6. Zur Überprüfung aller anderen, die in Gefängnissen und Lagern festgehalten werden, eine Revisions-Kommission zu wählen;
7. Alle ›Politischen Abteilungen‹* abzuschaffen, da keine Partei besondere Privilegien zur Verbreitung ihrer Ideen oder finanzielle Hilfe von Seiten der Regierung beanspruchen darf; an ihre Stelle sollen von den örtlichen Organisationen gewählte Kultur- und Bildungskommissionen treten, die vom Staat zu finanzieren sind;
8. Sofort alle ›Kontrollabteilungen‹** abzuschaffen;
9. Gleiche Lebensmittelrationen für alle Werktätigen mit Ausnahme derjenigen in gesundheitsschädlichen Berufen;
10. Die kommunistischen Spezialabteilungen in allen Einheiten der Roten Armee und die kommunistischen Betriebsschutzgruppen abzuschaffen und sie, wo nötig, durch Einheiten zu ersetzen die aus der Armee selbst hervorgehen und in den Fabriken von den Arbeitern selbst zu bilden sind;
11. Den Bauern die volle Verfügungsgewalt über ihr Land zu geben, auch das Recht, eigenes Vieh zu halten, unter der Bedingung, daß sie mit eigenen Mitteln, das heißt, ohne gedungene Arbeitskräfte, auskommen;

---

* politodeli: Kommunistische Parteizellen zur Überwachung der Propaganda. (Anm. d. Übers.)

** Zagraditel'nye otrjady: Bewaffnete Ordnungspolizei-Truppen der Bolschewiki auf den Zufahrtswegen zu den Städten. Ihre offizielle Aufgabe war die Bekämpfung des illegalen Schleichhandels und die Konfiszierung von Lebensmitteln und anderen Gütern. Die Verantwortungslosigkeit und Willkür dieser ›Abteilungen‹ wurde bald sprichwörtlich. Es ist bezeichnend, daß die Regierung diese Abteilungen am Vorabend Ihres Angriffs auf Kronstadt auflöste; auf diese Weise sollte das Petrograder Proletariat getäuscht und eingeschläfert werden.

12. Eine mobile Kontroll-Kommission einsetzen;
13. Das freie Handwerk zuzulassen, soweit es nicht auf der Ausbeutung von Arbeitskräften beruht;
14. Wir ersuchen alle Soldaten und Matrosen sowie militärischen Kursanti, sich mit unserer Resolution solidarisch zu erklären;
15. Dafür zu sorgen, daß diese unsere Beschlüsse durch die Presse allgemein bekannt gemacht werden.

Die Resolution wurde bei zwei Stimmenthaltungen von der Geschwaderversammlung einstimmig angenommen.
Unterschrift: Petritschenko, Präsident der Versammlung;
Perepelkin, Sekretär.

Leider gibt die Übersetzung den volkstümlichen Ton, den ›bäuerlichen‹ Stil, den aufrichtigen Klang der Resolution nicht wieder. Sie sind ein weiterer Beweis dafür, daß die Bewegung völlig in der Hand der Arbeiter selbst lag, daß sie ihre wirklichen Vorstellungen und Wünsche zum Ausdruck brachte und nicht von irgendjemand ›beeinflußt‹ oder ›inszeniert‹ war.
Da die Periode, für die der Kronstädter Sowjet gewählt worden war, bereits ablief, wurde auf der Versammlung beschlossen, für den 2. März eine Delegiertenversammlung einzuberufen, auf der über die Modalitäten der Neuwahlen beraten werden sollte. Zu dieser Delegiertenversammlung sollten Vertreter der Flotte, der Garnison, der Werkstätten, der Gewerkschaften und der verschiedenen Sowjetinstitutionen zusammenkommen. Dieser Beschluß war absolut verfassungskonform und die Delegiertenkonferenz wurde offiziell und regulär in den ISWESTIJA, dem amtlichen Organ des Sowjet, angezeigt.

Am 2. März versammelten sich über 300 Delegierte im Haus der Bildung (der ehemaligen Ingenieursschule).
Die große Mehrheit der Delegierten bestand aus Parteilosen. Die Kommunisten waren in der Minderheit; doch wie üblich wurden die Berichterstatter zu der Frage »Ziele und Aufgaben der Delegiertenkonferenz« aus ihren Reihen gewählt.

Die Versammlung wurde von dem Matrosen Petritschenko eröffnet. In öffentlicher Abstimmung wurde ein fünfköpfiges Präsidium gewählt. Eines der Mitglieder dieses Präsidiums berichtete später, daß die Versammlung ausschließlich aus Matrosen, Rotarmisten, Arbeitern und Angestellten der Sowjetbehörden bestand. Irgendwelche »Offiziere des alten Regimes« gab es in der Versammlung natürlich keine (wie von Petrograder Kommunisten behauptet wurde).

Erster Tagesordnungspunkt waren die Neuwahlen zum Sowjet, die auf freierer und gerechterer Grundlage durchgeführt werden sollten, wobei der am Vorabend verabschiedeten Resolution Rechnung getragen werden sollte. Man wollte einen Sowjet, der imstande war, die in der Resolution formulierten Aufgaben zu erfüllen.

Der ›Sowjet‹-Charakter der Konferenz stand außer Zweifel. Kronstadt forderte Sowjets ohne parteipolitisches Übergewicht, Sowjets, die die Bestrebungen der Arbeiter widerspiegeln und den Willen der werktätigen Bevölkerung zum Ausdruck bringen sollten. Das hinderte die Delegierten – Gegner

Das Kriegsschiff Sewastopol vor Kronstadt

des Willkürregimes der Bürokraten und Kommissare, nicht aber des Sowjetsystems - keineswegs daran, mit der Kommunistischen Partei zu sympathisieren und eine friedliche Lösung der brennenden Probleme anzustreben.

Aber lassen wir die Kronstädter selbst zu Wort kommen. In der Nr. 9 der ISWESTIJA vom 11. März 1921 steht folgender Bericht des Provisorischen Revolutionskomitees von Kronstadt (die Resolution ist in der Nr. 1 vom 3. März abgedruckt):

Wie das Provisorische Revolutionskomitee entstand
Am 1. März um 2 Uhr nachmittags trat mit Genehmigung des Exekutivkomitees, also keineswegs eigenmächtig, eine Versammlung von Matrosen, Rotarmisten und Arbeitern auf dem Platz der Revolution zusammen.
An der Versammlung nahmen etwa 15.000 Menschen teil. Sie stand unter der Leitung des Vorsitzenden des Exekutivkomitees des Genossen Wassiljew, und fand in Anwesenheit des Vorsitzenden des Allrussischen Zentralen Exekutivkomitees, des Genossen Kalinin, sowie des Kommissars der Baltischen Flotte, Kusmin, statt, die beide aus Petrograd gekommen waren.
Zur Debatte stand die Resolution, die zuvor auf der Vollversammlung der Schiffsmannschaften des Ersten und Zweiten Geschwaders verabschiedet worden war. Sie behandelte die gegenwärtige Lage und die Frage, wie man das Land aus der schwierigen Situation des allgemeinen Chaos und der Zerrüttung herausführen könne.
Diese Resolution ist heute allen bekannt; sie enthält nichts, was die Sowjetmacht hätte erschüttern können.
Im Gegenteil, in der Resolution kommt die echte Macht der Sowjets zum Ausdruck, die Macht der Arbeiter und Bauern.
Aber die Genossen Kalinin und Kusmin, die beide das Wort ergriffen, wollten das nicht begreifen. Ihr Auftreten hatte keinerlei Erfolg, sie vermochten nicht die erschöpften und verzweifelten Massen zu überzeugen. Und die Versammlung nahm einstimmig die Resolution der Schiffsmannschaften an.
Am nächsten Tag versammelten sich mit Wissen und Genehmigung des Exekutivkomitees und entsprechend der in den ISWESTJA

veröffentlichten Verfügung die Delegierten der Schiffe, der Garnison, der Handwerker- und Arbeitergewerkschaften, und zwar je zwei von jeder Organisation, im ›Haus der Bildung‹ (der früheren Ingenieursschule). Insgesamt waren über 300 Personen anwesend.
Die Regierungsvertreter verloren den Kopf, einige von ihnen verließen sogar die Stadt. Deshalb ist es vollkommen verständlich, daß die Besatzung des Linienschiffes Petropawlowsk sich verpflichtet sah, den Schutz des Gebäudes sowie der Delegierten vor etwaigen Ausschreitungen, von welcher Seite auch immer, zu übernehmen.
Die Delegiertenversammlung wurde vom Genossen Petritschenko eröffnet, der nach der Wahl eines fünfköpfigen Präsidiums dem Kommissar der Baltischen Flotte, dem Genossen Kusmin, das Wort erteilte. Genosse Kusmin wollte jedoch der Tatsache nicht Rechnung tragen, daß sich eine ausgesprochen negative Haltung der Garnison und der Arbeiter gegenüber den Regierungsvertretern und Kommunisten gebildet hatte. Aufgabe der Versammlung war es einen Ausweg zu finden: auf friedlichem Wege die entstandene Lage zu meistern, und zwar mußte ein Organ geschaffen werden, mit dessen Hilfe die in der Resolution in Aussicht genommenen Neuwahlen zum Sowjet auf gerechterer Grundlage durchgeführt werden konnten.
Diese Aufgabe war um so dringender, als die Vollmachten des alten Sowjet, der fast ganz aus Kommunisten bestand und sich als unfähig erwiesen hatte, lebenswichtige, unaufschiebbare Aufgaben zu lösen, schon fast abgelaufen waren.
Aber anstatt die Versammlung zu beruhigen, forderte sie der Genosse Kusmin geradezu heraus. Er sprach von der zwiespältigen Stellung Kronstadts, den Patrouillen, der Doppelherrschaft, der ›polnischen Gefahr‹ und davon, daß ganz Europa auf uns blicke. Er versicherte, daß in Petrograd vollkommene Ruhe herrsche. Er betonte, daß er den Delegierten ausgeliefert sei, die ihn, wenn sie wollten, erschießen könnten. Er schloß seine Rede mit der Erklärung: »Wenn die Delegierten den offenen, bewaffneten Kampf suchen, dann werden sie ihn haben. Denn die Kommunisten verzichten nicht freiwillig auf die Macht, sie werden bis zum Äußersten kämpfen.«
Nach der unpassenden Rede Kusmins, die keinerlei Beruhigung in die erregten Delegierten brachte, sondern nur dazu beitrug, sie noch mehr aufzureizen, wurde die farblose und inhaltlich völlig belanglose Rede des Vorsitzenden des Exekutivkomitees, des Ge-

nossen Wassiljew, völlig übergangen. Die erdrückende Mehrheit der Delegierten war augenscheinlich gegen die Kommunisten. Dennoch verloren die Delegierten nicht die Zuversicht, daß eine Verständigung mit den Regierungsvertretern möglich sei. Die Aufforderung des Versammlungsvorsitzenden, zu positiver Arbeit zu schreiten und eine Tagesordnung auszuarbeiten, fand den einmütigen Beifall der Delegierten.

Man beschloß, sich an die Aufstellung der Tagesordnung zu machen, aber zugleich wurde allen hinreichend klar, daß man den Genossen Kusmin und Wassiljew nicht trauen konnte und daß man sie vorübergehend in Haft nehmen müsse, weil die Kommunisten die Waffendepots besaßen, weil man die Telefonverbindungen nicht benutzen konnte, weil, wie aus einem in der Versammlung verlesenen Brief hervorging, die Rotarmisten eingeschüchtert waren, die Kommissare keine Truppenversammlungen gestatteten und anderes mehr.

Nachdem die Genossen Kusmin, Wassiljew und der Festungskommandant abgeführt worden waren, erhob sich die Frage, ob die kommunistische Delegierten auf der Konferenz bleiben und zusammen mit den parteilosen Genossen die gemeinsame Arbeit fortsetzen sollten. Obwohl die Versammlung aus ihrer ablehnenden Haltung gegenüber den Kommunisten keinen Hehl machte, wurde die Frage in positivem Sinne entschieden. Trotz einzelner Proteste und des Vorschlags einiger Mitglieder, die Kommunisten zu verhaften, stimmte die Versammlung dem nicht zu, sondern war der Ansicht, daß sie ebenso wie die übrigen Delegierten als bevollmächtigte Vertreter ihrer Truppenteile und Organisationen anzuerkennen waren.

Diese Tatsache unterstreicht erneut, daß die parteilosen Delegierten der Werktätigen, die Rotarmisten, Matrosen und Arbeiter glaubten, die tags zuvor auf der Garnisonsversammlung gefaßte Resolution werde nicht zum Bruch mit der Kommunistischen Partei führen, und daß eine gemeinsame Sprache gefunden werden könne.

Auf Vorschlag des Genossen Petritschenko wurde sodann die am Vortag gefaßte Resolution verlesen. Sie wurde auch von dieser Versammlung mit überwältigender Mehrheit angenommen.

Aber gerade in dem Augenblick, als es schien, man könne nun an die Arbeit gehen, traf die dringende Nachricht des Abgesandten des Linienschiffes Sewastopol ein, daß sich 15 Fuhrwerke mit Gewehren und Maschinengewehren dem Versammlungsgebäude näherten.

Diese für die Versammlung völlig überraschende Mitteilung erwies sich wenig später als Falschmeldung. Sie wurde von den Kommunisten in der Absicht ausgestreut, die Versammlung zu ›torpedieren‹. Aber in dem Augenblick, als diese Meldung eintraf, war die Versammlung aufgrund ihrer geladenen Stimmung und der ganz offensichtlich feindlichen Einstellung der Regierungsvertreter ihr gegenüber geneigt, dieser Meldung Glauben zu schenken.
Dennoch wird der Vorschlag des Präsidenten, zur Erörterung der Lage aufgrund der gefaßten Resolution überzugehen, von der Versammlung gebilligt, und die Delegierten beginnen, über Maßnahmen zu diskutieren, die zur praktischen Verwirklichung der Resolution ergriffen werden können. Der Vorschlag, eine Delegation nach Petrograd zu entsenden, wird abgelehnt, unter Hinweis auf eine mögliche Verhaftung. Darauf wird von einer ganzen Reihe von Delegierten der Vorschlag gemacht, ein ›Provisorisches Revolutionskomitee‹ in der Zusammensetzung des Präsidiums der Versammlung zu bilden, dem auch die Aufgabe übertragen werden soll, die Durchführung der Neuwahlen zum Sowjet vorzubereiten.
Im letzten Moment meldet der Genosse Vorsitzende, daß sich eine Gruppe von 2.000 Menschen auf das Versammlungsgebäude zubewege, worauf die Delegierten voller Besorgnis, erregt und gereizt das ›Haus der Bildung‹ verlassen. Nach der aufgrund der oben erwähnten Nachricht erfolgten Auflösung der Versammlung begab sich das Provisorische Revolutionskomitee aus Sicherheitsgründen an Bord des Linienschiffes Petropawlowsk, wo es auch solange blieb, bis dank der Bemühungen des Komitees die Ordnung in der Stadt im Interesse aller Werktätigen, Matrosen, Rotarmisten und Arbeiter, gewährleistet war.

Diesem summarischen und unvollständigen Bericht sind noch einige Ergänzungen hinzuzufügen, die später von einem Mitglied des Revolutionskomitees mitgeteilt worden sind.
Der Beschluß zur Bildung dieses Komitees, der wenige Minuten vor der Aufhebung der Sitzung einstimmig und unter dem Eindruck all dieser alarmierenden Gerüchte und der Drohungen Kusmins, Kalinins und Wassiljews gefaßt wurde, bestimmte gleichzeitig, daß »das Präsidium der Konferenz und der Vorsitzende Petritschenko beauftragt werden, provi-

sorisch die Funktionen eines Revolutionskomitees wahrzunehmen, da keine Zeit zur förmlichen Bildung eines solchen Komitees ist«.

Unter anderem war bekannt, daß sich die Kronstädter Kommunisten gleich nach der Versammlung vom 1. März auf militärische Auseinandersetzungen vorzubereiten begannen. In der Tat hatte das örtliche kommunistische Komitee begonnen, die Parteimitglieder zu bewaffnen. Der Festungskommissar war vom kommunistischen Komitee bereits angewiesen, aus den Magazinen Gewehre, Maschinengewehre und Munition an die kommunistischen Zellen auszugeben.

Es steht außer Zweifel, daß die kommunistischen Führer von Kronstadt bereits am 2. März die Feindseligkeiten eröffnet und den Zusammentritt der Delegiertenversammlung verhindert hätten, wenn nicht ein unvorhergesehener Umstand ihre Pläne zunichte gemacht hätte.

Von den rund zweitausend eingeschriebenen Kronstädter Kommunisten waren nämlich die meisten nur ›Kommunisten auf dem Papier‹, die um persönlicher Vorteile willen und nicht aus Überzeugung in die Partei eingetreten waren. Schon zu Beginn der Ereignisse wandte sich die ›große Masse‹ dieser ›Kommunisten‹ von ihren kommunistischen Chefs ab und schloß sich der allgemeinen Bewegung an. Die Chefs aber, umgeben von einer kleinen Schar Getreuer und von einigen Kronstädter Kursanti, die der Partei blind ergeben waren, konnten nicht hoffen, sich gegen die Flotte, die Garnison und die ganze Bevölkerung durchzusetzen. Deshalb ließen sie den Gedanken an eine bewaffnete Auseinandersetzung im Innern der Stadt fallen. Ein Teil von ihnen floh. Ein anderer zog von einem Fort zum anderen, um sie zum Aufstand zu bewegen, stieß aber nirgends auf Unterstützung. Auch die in Kronstadt stationierten Kursanti begaben sich schließlich zusammen mit den Kommunisten nach Krasnaja Gorka (vgl. die Karte).

Am Abend des 2. März gab es also keine andere ›Macht‹ mehr, als die des Provisorischen Revolutionskomitees.

Am 3. März erschien die erste Nummer der ISWESTIJA (Nachrichten, Mitteilungen) des Provisorischen Revolutionskomitees. Auf der ersten Seite steht folgendes Manifest:

An die Bevölkerung der Festung und der Stadt Kronstadt!

Genossen und Bürger! Unser Land befindet sich mitten in einer schwierigen Situation. Hunger, Kälte und wirtschaftliches Chaos halten uns nun schon drei Jahre lang in eiserner Umklammerung. Die Kommunistische Partei, die das Land regiert, hat die Verbindung zu den Massen verloren und sich als unfähig erwiesen, das Land aus dem Zustand allgemeiner Zerrüttung herauszuführen. Sie hat den Unruhen, die in letzter Zeit in Petrograd und Moskau ausbrachen und die klar genug darauf hinwiesen, daß die Partei das Vertrauen der Arbeitermassen verloren hat, nicht Rechnung getragen. Auch die Forderungen, die die Arbeiter erhoben, hat sie nicht zur Kenntnis genommen. Für sie sind das alles Umtriebe der Konterrevolution. Doch hier irrt sie gewaltig.

Diese Unruhen, diese Forderungen sind die Stimme des ganzen Volkes, aller Werktätigen. Alle Arbeiter, Matrosen und Rotarmisten erkennen jetzt klar, daß es nur durch gemeinsame Anstrengungen, durch den gemeinsamen Willen der Werktätigen möglich ist, dem Land Brot, Brennholz und Kohle zu geben, die Nackten und Barfüßigen zu kleiden und die Republik aus der Sackgasse herauszuführen.

Dieser Wille aller Werktätigen, Rotarmisten und Matrosen nahm auf der Versammlung unserer Stadt am Dienstag, dem 1. März, feste Gestalt an. In dieser Versammlung wurde einstimmig die Resolution der Schiffsmannschaften des Ersten und Zweiten Geschwaders angenommen. In den verabschiedeten Beschlüssen wurde auch festgelegt, unverzüglich Neuwahlen zum Sowjet durchzuführen. Diese Wahlen sollen auf gerechteren Grundlagen stattfinden, damit der Sowjet die wahre Vertretung der Werktätigen verkörpert und so zu einem aktiven und tatkräftigen Organ wird. Im Haus der Bildung versammelten sich am 2. März dieses Jahres Delegierte aller Organisationen der Matrosen, Rotarmisten und Arbeiter. Auf dieser Versammlung wurde vorgeschlagen, die Wahlordnung für die bevorstehenden Wahlen auszuarbeiten, um sich dann ans friedliche Werk der Reorganisation der Sowjetordnung zu machen.

Da man Grund genug hatte, Repressalien zu befürchten, und auch infolge der Drohungen der Regierungsvertreter beschloß die Versammlung, ein Provisorisches Revolutionskomitee zu bilden und es mit allen Vollmachten zur Verwaltung der Stadt und der Festung auszustatten.
Das Provisorische Revolutionskomitee hat seinen Sitz auf dem Linienschiff Petropawlowsk.
Genossen, Bürger! Dem Provisorischen Revolutionskomitee geht es darum, daß auch nicht ein Tropfen Blut vergossen wird. Es hat Sondermaßnahmen ergriffen, um in Stadt und Festung, sowie in den Forts die revolutionäre Ordnung aufrechtzuerhalten.
Genossen, Bürger! Legt die Arbeit nicht nieder. Arbeiter, bleibt an euren Werkbänken. Matrosen und Rotarmisten, bleibt bei euren Einheiten und auf den Forts. Alle Sowjetbürger und die Angestellten sollen ihre Arbeit fortsetzen. Das Provisorische Revolutionskomitee ruft alle Arbeiterorganisationen, alle Marineorganisationen und Gewerkschaften, alle Marine- und Heereseinheiten, sowie jeden einzelnen Bürger auf, ihm größtmögliche Unterstützung und Hilfe zu leisten. Seine Aufgabe ist es, bei gemeinsamer, einmütiger Anstrengung in Stadt und Festung die Voraussetzungen für die Durchführung korrekter und gerechter Wahlen zum neuen Sowjet zu schaffen.
Also Genossen! Ordnung, Ruhe, Besonnenheit! Alle für den ehrlichen sozialistischen Aufbau zum Wohl aller Werktätigen!
Der Vorsitzende des Provisorischen Revolutionskomitees: Petritschenko; Sekretär: Tukin

Kronstadt, 2. März 1921

Dieselbe Nummer enthält die berühmte Resolution der Geschwader sowie unter anderem diese Meldung:
»Gegen 9 Uhr abends am 2. März schlossen sich die Mehrheit der Forts und alle Einheiten der Roten Armee der Festung dem Provisorischen Revolutionskomitee an. Alle Behörden und Einrichtungen des Post- und Fernmeldewesens sind von Wachen des Revolutionskomitees besetzt worden.«

Indessen verloren die Bolschewiki keine Zeit und bereiteten einen Angriff auf Kronstadt vor. Vom ersten Moment an war ihnen klar, daß diese Bewegung für sie in einer Katastrophe

enden könnte, und deshalb beschlossen sie, die Kronstädter Bewegung um jeden Preis und so schnell wie möglich zu ersticken, bevor diese größere Ausmaße annahm.
Sie leiteten gleichzeitig mehrere Schritte ein:

1. Sie beeilten sich, die Kontrolle über strategischen Punkte in der Umgebung von Kronstadt zu sichern: Krasnaja Gorka, Oranienbaum, Lissy Nos usw.;
2. Sie verlängerten den Belagerungszustand in Petrograd und trafen außerordentliche militärische Repressivmaßnahmen zur Aufrechterhaltung der ›Ordnung‹;
3. Sie machten einige Zugeständnisse – wir haben von der Beseitigung der ›Kontrollabteilungen‹ gesprochen –, um die Arbeiter zu besänftigen;
4. Unter dem Oberkommando Trotzkis wurde in aller Eile eine Elitetruppe auf die Beine gestellt, die auf einen direkten Angriff auf Kronstadt vorbereitet wurde;
5. Sie entfesselten eine heftige Lügen- und Verleumdungskampagne gegen die Kronstädter, um die öffentliche Meinung zu täuschen und ihr eigenes Vorgehen zu rechtfertigen.

Diese niederträchtige Propaganda begann am 2. März. In der Nummer 2 der ISWESTIJA vom 3. März finden wir neben verschiedenen kleineren Meldungen die folgende Mitteilung:

Radio Moskau
Wir veröffentlichen hier eine von der Funkstation der Petropawlowsk aufgefangene Rundfunksendung der Station ROSTA* aus Moskau, die voller unverschämter Lügen und Irreführungen seitens der Kommunistischen Partei ist, die sich ›Sowjet-Regierung‹ nennt. (Einige Stellen konnten nicht aufgefangen werden, weil ein anderer Sender störte.) Diese Rundfunksendung bedarf keines

* ROSTA = Rossijskoe Telegrafnoe Agenstvo = Russische Telegrafenagentur

Kommentars. Die Werktätigen Kronstadts werden ihren provokatorischen Charakter erkennen.

Radiofunk ROSTA, Moskau, 3. März

An alle! An alle! An alle!

Auf zum Kampf gegen die weißgardistische Verschwörung!
Daß die Meuterei des ehemaligen Generals Koslowski und der Petropawlowsk ebenso von den Spionen der Entente vorbereitet wurde wie viele vorhergehende weißgardistische Aufstände, ist aus einer Meldung der bürgerlichen französischen Tageszeitung Le Matin zu entnehmen, die zwei Wochen vor der Meuterei Koslowskis ein Telegramm folgenden Inhalts aus Helsingfors veröffentlichte: Aus Petrograd wird gemeldet, daß infolge der längsten Meuterei in Kronstadt die bolschewistischen Militärbehörden eine ganze Reihe von Maßnahmen ergriffen haben, um Kronstadt zu isolieren und den Rotarmisten und Matrosen der Kronstädter Garnison den Zugang nach Petrograd zu verwehren. »Die Versorgung Kronstadts ist bis auf weiteren Befehl verboten.«
Es ist ganz klar, die Meuterei in Kronstadt wurde von Paris aus gelenkt; hier hatte die französische Spionageabwehr die Hand im Spiel: es ist immer dieselbe Geschichte. Die von Paris aus gelenkten Sozialrevolutionäre bereiten den Boden für einen Aufstand gegen die Sowjetmacht, und kaum waren sie soweit, da zeigte sich auch schon in ihrem Rücken als eigentlicher Herr ein zaristischer General. Die Geschichte mit Koltschak, der auf die Sozialrevolutionäre folgt, wiederholt sich einmal mehr. Auf Hunger und Kälte versuchen alle Feinde der Werktätigen zu spekulieren, von den zaristischen Generälen bis hin zu den Sozialrevolutionären. Freilich wird diese Meuterei der Generäle und Sozialrevolutionäre sehr bald unterdrückt sein, und General Koslowski wird samt seinen Helfershelfern dasselbe Schicksal erleiden wie Koltschak.
Aber das Agentennetz der Entente erstreckt sich zweifellos nicht allein auf Kronstadt. Arbeiter und Rotarmisten, zerreißt dieses Netz, entlarvt die Zuträger und Provokateure. Besonnenheit, Disziplin und Wachsamkeit sind notwendig.
Denkt daran, daß wir aus der vorübergehenden, wenn auch schweren Lebensmittel- und Brennstoffkrise nur durch gemeinsame intensive Arbeit herauskommen, aber nicht durch sinnlose Kundgebungen, die den Hunger nur verschlimmern und den verhaßten Feinden der Werktätigen in die Hände spielen...

Mit allen ihr zu Gebote stehenden Mitteln, mit militärischen Befehlen, Proklamationen, Flugblättern, Plakaten, Zeitungsartikeln, Rundfunksendungen usw. verbreitete die Regierung ihre unbeschreiblichen Verleumdungen. Sie hatte ja alle Propaganda- und Informationsmittel in der Hand, keine einzige Stimme konnte ungehindert die Wahrheit sagen. In der Nr. 4 der ISWESTIJA des Komitees vom 6. März lesen wir folgenden Artikel:

Feiglinge und Verleumder
Im folgenden bringen wir den wörtlichen Text der Proklamation, die die Kommunisten vom Flugzeug aus über Kronstadt abgeworfen haben.
Voller Verachtung begegnen die Bürger dieser provokatorischen Verleumdung. Die Kronstädter wissen, wie und von wem die verhaßte Herrschaft der Kommunisten abgeschüttelt wurde.
Sie wissen, daß an der Spitze des Provisorischen Revolutionskomitees gewählte, der Sache ergebene Genossen stehen, die besten Söhne des Arbeitervolkes: Rotarmisten, Matrosen und Arbeiter.
Sie werden niemandem erlauben, sie für sich einzuspannen, schon gar nicht zaristischen oder weißgardistischen Generälen.
»In ein paar Stunden seid ihr gezwungen, euch zu ergeben« – drohen uns die Kommunisten.
Gemeine Heuchler. Wen wollt ihr täuschen?
Lügt nicht, ihr Feiglinge, und betrügt nicht das Volk! Ihr kennt unsere Stärke. Sie wird sich auch den bolschewistischen Generälen nicht ergeben.
Lügt nicht, ihr Feiglinge, und betrügt nicht das Volk! Ihr kennt unsere Stärke und unseren Willen, zu siegen oder ehrenvoll zu sterben, nicht aber uns heimlich, beladen mit zaristischen Geldern und dem mit Arbeiterblut erworbenen Gold aus dem Staube zu machen wie eure Kommissare.

Die folgende Verlautbarung des Moskauer Senders wurde auch in der Nummer 4 der ISWESTIJA vom 6. März veröffentlicht:

Radio Moskau
An die betrogenen Kronstädter.
Seht ihr nun, wohin euch die Halunken geführt haben? So weit ist es gekommen! Im Rücken der Sozialrevolutionäre und Mensche-

wiki, sind schon die gefletschten Zähne der ehemaligen zaristischen Generäle zu sehen. All diese Petritschenkos und Tukins sind nur Marionetten in den Händen des zaristischen Generals Koslowski, der Kapitäne Borkser, Kostromitinow. Schirmanowski und anderer eingefleischter Weißgardisten. Man betrügt euch! Man sagt euch, daß ihr für die ›Demokratie‹ kämpft. Noch sind keine zwei Tage vergangen und schon seht ihr, daß ihr in Wirklichkeit nicht für die Demokratie, sondern für die zaristischen Generäle kämpft, daß ihr euch einen neuen Wiren* auf den Hals geladen habt.
Man erzählt euch Märchen: als ob Petrograd hinter euch stünde und Sibirien und die Ukraine euch unterstützten! Das ist eine glatte Lüge! In Petrograd hat sich auch der letzte Matrose von euch abgewandt, als bekannt wurde, daß sich zaristische Generäle vom Schlage eines Koslowski in euren Reihen betätigen. Sibirien und die Ukraine stehen fest zur Sowjetmacht. Das rote Petrograd lacht über die kläglichen Anstrengungen eines kleinen Häufleins von Sozialrevolutionären und Weißgardisten.
Ihr seid von allen Seiten eingeschlossen. In ein paar Stunden werdet ihr gezwungen sein, euch zu ergeben. Kronstadt hat weder Brot noch Brennmaterial. Wenn ihr nicht nachgebt, wird man euch einzeln wie Rebhühner abschießen. Alle diese Generäle Koslowski und Borkser, alle diese Halunken Petritschenko und Tukin werden schließlich in letzter Minute zu den Weißgardisten nach Finnland fliehen, Aber ihr, einfache Matrosen und Rotarmisten, die man betrogen hat, wo versteckt ihr euch. Wenn man euch verspricht, daß man euch in Finnland zu essen geben wird, dann führt man euch hinters Licht. Habt ihr etwa nicht davon gehört, wie man die ehemaligen Wrangel-Leute nach Konstantinopel schaffte und wie sie dort an Hunger und Krankheit starben wie die Fliegen? Das gleiche Schicksal erwartet euch, wenn ihr nicht sofort Vernunft annehmt. Ergebt euch auf der Stelle, verliert keine Minute Zeit!
Streckt die Waffen und lauft zu uns über!
Entwaffnet und verhaftet die verbrecherischen Rädelsführer, vor allem die zaristischen Generäle!
Wer sich sofort ergibt, dem wird sein Fehler verziehen.
Ergebt euch auf der Stelle!

Das Verteidigungskomitee von Petrograd

---

* Admiral Wiren war der Kommandant der Festung Kronstadt, als die Februarrevolution ausbrach; er wurde am 28. Februar (nach dem alten, Julianischen Kalender) von den Matrosen erschossen.

Eine andere, diesmal vom Petrograder Sowjet ausgestrahlte Rundfunksendung, die ähnliche Aufforderungen enthält, wurde in der gleichen Nummer der ISWESTIJA mit der folgenden Einführung veröffentlicht:

Die folgende Rundfunksendung, die von der Funkstation der Petropawlowsk aufgefangen wurde, unterstreicht einmal mehr, daß die Kommunisten fortfahren, nicht nur die Arbeiter und Rotarmisten, sondern auch die Mitglieder des Petrograder Sowjets zu betrügen.
Aber die revolutionäre Garnison von Kronstadt und ihre Arbeiter werden sie nicht hinters Licht führen können.

Schließlich bringt die Nummer 5 der ISWESTIJA vom 7. März noch einmal eine lange Radiosendung aus Moskau. Als Einleitung druckt die Zeitung einen Kommentar unter dem Titel: »Sie verleumden weiter«.
Die bolschewistischen Erfindungen werden in folgenden Worten zurückgewiesen:

Es stellt sich also heraus, wie Radio ROSTA weismachen will, daß hier die Entente, französische Spione, Weißgardisten und zaristische Generäle ebenso am Werk sind wie Menschewiki und Sozialrevolutionäre, die estnische Bourgeoisie, finnische Bankiers und der Abwehrdienst der Entente, mit einem Wort, die ganze Welt ist gegen die armen Kommunisten zu Felde gezogen. (...)
Und wir Kronstädter haben als einzige von alledem nichts gewußt! (...) Dieses Dokument kommunistischer Dummheit ist dermaßen lächerlich, daß wir es unten vollständig abdrucken. Es wird den Kronstädtern einige vergnügte Augenblicke verschaffen.

Wegen der übergroßen Länge der Radiosendung begnügen wir uns mit der Wiedergabe einiger bezeichnender Passagen:

(...) Am 2. März beschloß der »Rat für Arbeit und Verteidigung«, den ehemaligen General Koslowski und seine Gehilfen für vogelfrei zu erklären, über die Stadt Petrograd und das Petrograder Gouvernement den Kriegszustand zu verhängen und die ganze Macht über das Petrograder Gebiet dem Verteidigungskomitee der Stadt Petrograd zu übertragen. (...)

Die ganze Garnison Krasnaja Gorka verdammt die Meuterer und brennt auf Kampf.
In Petrograd herrscht völlige Ruhe, und selbst jene wenigen Betriebe, in denen zunächst Versammlungen stattfanden in deren Verlauf einzelne Personen die Sowjetregierung angriffen, haben die Provokationen erkannt und begriffen wohin die Entente-Agenten und die Drahtzieher der Konterrevolution sie treiben. (...)
Gerade jetzt, da in Amerika eine neue republikanische Regierung ihr Amt antritt und die Neigung zeigt, mit Rußland Handelsbeziehungen aufzunehmen, ist die Verbreitung von provokatorischen Gerüchten und die Inszenierung von Unruhen in Kronstadt eindeutig darauf gerichtet, den neuen amerikanischen Präsidenten zu beeinflussen und eine Änderung der amerikanischen Rußlandpolitik zu verhindern. Zur gleichen Zeit tagt die Londoner Konferenz, und dieselben provokatorischen Gerüchte sollen auf die türkische Delegation einwirken, um sie den Forderungen der Entente gefügig zu machen. Der Aufstand der Besatzung der Petropawlowsk ist zweifellos nur Teil eines grandiosen provokatorischen Plans, der Sowjetrußland innere Schwierigkeiten bereiten und seine internationale Position erschüttern soll. In diesem Fall haben wir es mit der provokatorischen Tätigkeit der weltweiten Reaktion der Börsenspekulanten der Entente und der nach ihren Weisungen arbeitenden Agenten des Abwehrdienstes der Entente zu tun. Innerhalb Rußlands sind jedoch ein zaristischer General und ehemalige Offiziere diejenigen, die diese Politik durchführen. Sie werden dabei von den Menschewiki und den Sozialrevolutionären unterstützt.

In diesen Dokumenten taucht ein Name ständig wieder auf: der eines gewissen Generals Koslowski, des angeblich wirklichen Führers der Bewegung.
Es gab in Kronstadt in der Tat einen ehemaligen zaristischen General dieses Namens. Es war Trotzki, der den ehemaligen Generälen des Zaren als Militärspezialisten wieder zu Amt und Würden verhalf und dabei auch den General Koslowski als Artilleriefachmann einsetzte. Solange er in bolschewistischen Diensten stand, störte seine Vergangenheit wenig. Sobald sich aber Kronstadt erhob, entdeckten sie in ihrem ›Spezialisten‹ einen Zaristen und bauten ihn zum Buhmann auf.

Dieser Koslowski spielte bei den Ereignissen von Kronstadt überhaupt keine Rolle, ebensowenig wie seine von den Bolschewiki angeführten Helfershelfer Borkser, Kostromitinow und Schirmanowski, wobei einer von ihnen nur ein einfacher technischer Zeichner war. Aber die Bolschewiki benutzten diese drei Namen, um die Matrosen als Feinde der Republik zu verleumden und ihre Bewegung als konterrevolutionäre Machenschaften hinzustellen. Kommunistische Agitatoren wurden in die Fabriken und Werkstätten Petrograds und Moskaus geschickt, um das Proletariat zum Widerstand gegen Kronstadt aufzurufen, gegen »dieses Nest der weißen Verschwörung, die von dem General Koslowski angeführt wird«, und sich »der Verteidigung der Arbeiter- und Bauernregierung gegen die weißgardistische Rebellion von Kronstadt anzuschließen.«

Koslowski selbst konnte nur mit den Achseln zucken, als er erfuhr, welche Rolle die Bolschewiki ihm bei den Ereignissen zugedacht hatten. Er erzählte später, daß der bolschewistische Festungskommandant unmittelbar nach der Bildung des Provisorischen Revolutionskomitees die Flucht ergriffen habe. Nach den geltenden Regeln mußte nun der Kommandeur der Artillerie - im vorliegenden Fall der General Koslowski - an dessen Stelle treten. Da aber Koslowski darauf verzichtete, weil er annahm, daß die bisherigen Vorschriften nicht mehr galten, seitdem das Revolutionskomitee verantwortlich handelte, ernannte dieses nach Prüfung des Sachverhaltes Solowjanow aus den Reihen der Offiziere zum Festungskommandanten, während Koslowski nur mit der technischen Leitung der Artillerie beauftragt wurde. Seine Helfer blieben, schon aufgrund ihrer persönlichen Eigenschaften, völlig am Rande der Bewegung.

Es ist eine Ironie der Geschichte, daß gerade ein bedeutender ehemaliger zaristischer Offizier, der berühmte Tuchatschewski (der [1937] auf Befehl Stalins erschossen worden ist) auf

Trotzkis Anordnung den Befehl über die gesamten Truppen, die gegen Kronstadt vorgehen sollten, übernahm. Mehr noch: alle ›Spezialisten‹, alle Berühmtheiten der Zarenzeit, die im Dienst der Bolschewiki standen, nahmen an der Ausarbeitung des Plans für die Belagerung und den Angriff auf Kronstadt teil. Die Kronstädter, von ihrem zynischen Gegner diffamiert, hatten dagegen nur den unbedeutenden, keinerlei Rolle spielenden Koslowski sowie einige drittrangige unbekannte Spezialisten zu ihrer Verfügung.

Die Kronstädter Bewegung brach spontan aus. Wäre sie das Ergebnis eines im voraus entwickelten Planes gewesen, hätte sie gewiß nicht in den ersten Märztagen begonnen. Die Kronstädter hätten nur noch etwas zu warten brauchen und Kronstadt, befreit vom Eis, das es umgab, hätte sich in eine uneinnehmbare Festung verwandelt, die überdies noch über eine mächtige Flotte verfügt hätte - eine furchtbare Bedrohung Petrograds. Von außen mit Nachschub versorgt, hätte sich Kronstadt nicht nur lange halten, sondern sogar siegen können. Die große Chance der bolschewistischen Regierung lag gerade darin, daß die Bewegung spontan war, daß die Matrosen ohne jede Berechnung, ohne jede Opportunitätserwägung handelten.

Ein ›Aufstand‹ im eigentlichen Sinne des Wortes fand gar nicht statt. Es war eine plötzlich aufflammende spontane Bewegung friedlichen Charakters, absolut verständlich und legitim unter den gegebenen Umständen, eine Bewegung, die rasch die ganze Stadt, die Garnison und die Flotte erfaßte.

Aus Angst um ihre Macht, ihre Posten und Privilegien forcierten die Bolschewiki die Ereignisse und zwangen Kronstadt zum bewaffneten Kampf.

Die Antwort der Kronstädter

Natürlich wehrte sich Kronstadt nach Kräften gegen die Unterstellungen und Verleumdungen der Bolschewiki.

Durch seine Zeitung und den Rundfunk teilte das Revolutionskomitee den werktätigen Massen Rußlands und der ganzen Welt die wirklichen Ziele und Absichten der Bewegung mit und widerlegte gleichzeitig die Lügen der kommunistischen Regierung.

So brachte die Nummer 4 der Iswestija vom 6. März folgende Radiobotschaft des Revolutionskomitees:

An alle... An alle ... An Alle...
Genossen Arbeiter, Rotarmisten und Matrosen! Wir hier in Kronstadt wissen sehr wohl, wie ihr, eure halbverhungerten Frauen und Kinder unter dem Joch der kommunistischen Diktatur zu leiden habt.
Wir haben bei uns den kommunistischen Sowjet gestürzt, und das Provisorische Revolutionskomitee wird in den nächsten Tagen Wahlen zu einem neuen Sowjet durchführen, der, frei gewählt, den Willen der ganzen werktätigen Bevölkerung und der Garnison widerspiegeln wird und nicht den eines kleinen Haufens hirnverbrannter ›Kommunisten‹! Unsere Sache ist gerecht; wir sind für die Macht der Sowjets und nicht der Parteien, für eine frei gewählte Vertretung der Werktätigen. Die einseitig zusammengesetzten, von der Kommunistischen Partei beherrschten Sowjets waren allen unseren Forderungen und Nöten gegenüber taub; die einzige Antwort, die wir erhielten, waren Kugeln.
Jetzt, da die Geduld der Werktätigen ein Ende hat, will man euch das Maul mit Almosen stopfen: Auf Befehl Sinowjews werden im Petrograder Gouvernement die Kontrollabteilungen (gegen den Schwarzhandel) abgeschafft, Moskau bewilligt zehn Millionen in Gold zum Ankauf von Lebensmitteln und lebensnotwendigen Gütern im Ausland, aber wir wissen, daß man mit diesen Almosen das Petrograder Proletariat nicht kaufen kann, und über den Kopf der Kommunisten hinweg strecken wir euch die Hand zu brüderlicher Hilfe aus dem revolutionären Kronstadt entgegen.
Genossen! Man betrügt euch nicht nur, man verschleiert euch auch absichtlich die Wahrheit und nimmt zu gemeiner Verleumdung Zuflucht. Genossen, gebt nicht nach!
In Kronstadt liegt alle Macht ausschließlich in den Händen revolutionärer Matrosen, Rotarmisten und Arbeiter und nicht in Händen der Weißgardisten mit irgendeinem General Koslowski an der

Spitze, wie euch die verleumderische Radiosendung aus Moskau einreden will.
Zögert nicht, Genossen, schließt euch uns an, tretet mit uns in Verbindung, verlangt, daß eure parteilosen Vertreter nach Kronstadt durchgelassen werden sie allein werden euch die volle Wahrheit sagen und die provokatorischen Gerüchte von »finnischem Brot« und Umtrieben der Entente zerstreuen.
Es lebe das revolutionäre Proletariat und die revolutionäre Bauernschaft!
Es lebe die Macht der frei gewählten Sowjets!

In der Nummer 10 vom 12. März lesen wir folgendes:

Unsere Generäle
Die Kommunisten wollen der Welt einreden, daß sich unter den Mitgliedern des Provisorischen Revolutionskomitees weißgardistische Generäle und Offiziere sowie Popen befänden.
Um damit ein für allemal aufzuräumen, teilen wir den Kommunisten mit, daß das Komitee aus folgenden fünfzehn Mitgliedern besteht:

1. Petritschenko - Obermaat und leitender Schreiber auf dem Linienschiff Petropawlowsk
2. Jakowenko - Telefonist, Bezirk Kronstadt
3. Ososow - Maschinist auf dem Schlachtschiff Sewastopol
4. Archipow - Maschinenmaat
5. Perepelkin - Mechaniker auf der Sewastopol
6. Patruschew - Erster Mechaniker auf der Petropawlowsk
7. Kupolow - Arzthelfer
8. Werschinin - Matrose auf der Sewastopol
9. Tukin - Elektriker
10. Romanenko - Vorarbeiter im Trockendock
11. Oreschin - Angestellter in der 3. Technischen Schule
12. Walk - Zimmermann
13. Pawlow - Arbeiter in den Seeminen-Werkstätten
14. Bajkow - Fuhrmann
15. Kilgast - Vollmatrose

Dieselbe Liste wurde in der Nummer 12 vom 14. März noch einmal abgedruckt, diesmal jedoch mit dem ironischen Zusatz: »Das sind unsere Generäle: das sind unsere Brussilows,

Kamenjews usw.* Die Gendarmen Trotzki und Sinowjew aber verheimlichen euch die Wahrheit.«

In ihrer Verleumdungskampagne versuchten die Bolschewiki nicht nur den Geist und die Ziele der Bewegung zu entstellen, sondern auch die Taten der Kronstädter.

So verbreiteten Sie das Gerücht, daß die Kronstädter Kommunisten allen möglichen Gewalttaten von seiten der ›Meuterer‹ ausgesetzt seien.

In mehreren Artikeln stellte Kronstadt die Dinge richtig.

In der Nummer 2 der ISWESTIJA vom 4. März findet sich folgende Mitteilung:

Das Provisorische Revolutionskomitee hält es für notwendig, alle Gerüchte über Gewaltmaßnahmen gegen verhaftete Kommunisten zu dementieren. Die verhafteten Kommunisten befinden sich in völliger Sicherheit.

Viele der Festgenommenen befinden sich bereits wieder auf freiem Fuß. Zur Kommission, die die Gründe für die Verhaftung der Kommunisten untersucht, wird auch ein Vertreter der Kommunistischen Partei hinzugezogen werden. Als die kommunistischen Genossen Iliin, Kabanow und Perwuschin sich an das Revolutionskomitee wandten, wurde ihnen gestattet, die auf der Petropawlowsk Inhaftierten zu besuchen; sie selbst bestätigen mit ihrer Unterschrift das oben Gesagte. Iliin, Kabanow, Perwuschin

Die Übereinstimmung mit dem Original bestätigt:

Das bevollmächtigte Mitglied des Provisorischen Revolutionskomitees: N. Archipow, i.A. des Sekretärs: P. Bogdanow

In der selben Nummer befindet sich, von den selben Kommunisten unterschrieben, ein »Aufruf des Provisorischen Büros der Kronstädter Organisation der RKP«. Aus verständlichen Gründen ist dieser ›Aufruf‹ wage und vorsichtig gehalten, doch liest man immerhin folgendes:

* Die bolschewistischen Generäle Brussilow und Kamenjew waren zaristische Generäle.

Glaubt nicht den unsinnigen Gerüchten, die von offensichtlich provokatorischen Elementen in der Absicht ausgestreut werden, Blutvergießen zu provozieren und die besagen, daß angeblich Kommunisten in verantwortlichen Positionen erschossen werden und, daß die Kommunisten sich auf ein bewaffnetes Vorgehen in Kronstadt vorbereiten. Das Provisorische Büro der RKP erkennt die Notwendigkeit von Neuwahlen zum Sowjet an und ruft alle Mitglieder der RKP auf, sich daran zu beteiligen.
Das Provisorische Büro der RKP fordert alle Parteimitglieder auf, auf ihren Posten zu bleiben und die Maßnahmen des Provisorischen Revolutionskomitees in keiner Weise zu behindern. (...)
Das Provisorische Büro der Kronstädter Organisation der RKP:
J. Iliin, F. Perwuschin, A. Kabanow

Verschiedentlich wurden Entgegnungen auf die kommunistischen Lügen veröffentlicht unter dem Titel »Ihre Lügen«. So in Nummer 7 vom 9. März:

Ihre Lügen
»Der Oberbefehlshaber der gegen Kronstadt operierenden Armee, Tuchatschewski, teilte einem Mitarbeiter des Krasnyj Komandir (Roter Kommandant) folgendes mit: Wir haben Nachricht erhalten, wonach die Kronstädter Zivilbevölkerung so gut wie keine Verpflegung mehr erhält.
»Das in Kronstadt stationierte Schützenregiment hat es abgelehnt, sich den Meuterern anzuschließen und hat sich nicht entwaffnen lassen.«
»Die Haupträdelsführer der Rebellion bereiten ihre Flucht nach Finnland vor.«
»Ein aus Kronstadt geflohener parteiloser Matrose berichtet, daß auf der Matrosenversammlung vom 4. März in Kronstadt General Koslowski aufgetreten ist. In einer Rede forderte er strenges Regiment und entschiedenes Vorgehen gegen die Anhänger der Sowjets.«
»Die Stimmung in Kronstadt ist gedrückt. Die deprimierte Bevölkerung erwartet ungeduldig das Ende der Rebellion und verlangt die Auslieferung der weißgardistischen Anführer an die Sowjetregierung.«
So schreiben die Kommunisten über die Lage bei uns in Kronstadt. Das sind die Mittel, zu denen sie greifen, um unsere Bewegung vor dem werktätigen Volk zu verleumden.

ИЗВЕСТИЯ Временного Революционного Комитета

Матросов, Красноармейцев и Рабочих гор. Кронштадта.

№ 8 Четверг, 10 марта 1921 г. № 8

Бомба, сброшенная в Кронштадте, это — сигнал к восстанию в лагере коммунистов.

ПРИКАЗ

ПРИКАЗ

Оперативная сводка

Спокойствие и выдержка.

От Времен. Революционного Комитета.

Радио пролетариату всех стран.

ГОЛОС ОБМАНУТЫХ.

Nummer 8 der Iswestija vom 10. März

Nummer 12 vom 14. März:

Ihre Lügen

Wir bringen wörtlich eine Reihe von Notizen, die in der Petrograder Prawda vom 11. März abgedruckt sind:
Bewaffneter Kampf in Kronstadt - Das Verteidigungskomitee hat um 8 Uhr abends vom Oberbefehlshaber der Armee, Genosse Tuchatschewski, aus Oranienbaum folgende Mitteilung erhalten:
»In Kronstadt wurde starkes Gewehr- und Maschinengewehrfeuer gehört. Von Oranienbaum aus waren mit dem Fernglas Schützenketten zu sehen, die von Kronstadt in Richtung auf die etwas nordöstlich vom Fort Konstantin gelegenen Minengießereien vorrückten. Der Angriff richtete sich offenbar entweder gegen das Fort Konstantin oder gegen einzelne Truppenteile, die sich gegen die Kronstädter Weißgardisten erhoben und sich im Bereich der Minengießereien verschanzt haben.«
»Feuersbrunst in Kronstadt - Während wir das Fort N. eroberten, wurde eine große Feuersbrunst in Kronstadt beobachtet. Die Stadt war in dichten Qualm gehüllt.«
»Noch einmal über die Führer und Anstifter der Meuterei:
Einer der Überläufer, der aus Kronstadt in der Nacht zum 7. März entkommen konnte, berichtet folgendes über die Stimmung und das Treiben der weißgardistischen Offiziere:
»Sie sind äußerst leichtsinnig. Das Blutvergießen, das sie verursacht haben, ist ihnen vollkommen gleichgültig. Sie träumen von den Köstlichkeiten, die ihnen nach der Eroberung Petrograds zufallen werden. »Wenn wir Petrograd nehmen, erhalten wir mindestens ein halbes Pud Gold pro Nase. Wenn es aber schiefgeht, gehen wir nach Finnland, dort wird man uns mit offenen Armen aufnehmen«, erklären diese sauberen Herren. Sie fühlen sich vollkommen Herr der Lage, und in Wirklichkeit sind sie es ja auch. Sie gehen mit den Matrosen um wie in alten zaristischen Zeiten. »Das ist wirklich ein Befehlston - ganz anders als bei den Kommunisten« - sagen die Matrosen dazu. »Es fehlen nur noch die goldenen Schulterstücke.«
Wir teilen den weißgardistischen Herren Offizieren mit, daß ihnen die Flucht nach Finnland kaum gelingen wird, und anstatt des Goldes werden sie jeder eine Ladung Blei erhalten.
Die Krasnaja Gazeta (Rote Zeitung) berichtet:
»Zwei aus Reval eingetroffene Matrosen versichern, daß in Kronstadt 150 Bolschewiki umgebracht worden sind.«

So schreibt man Geschichte. Und so wollen die Kommunisten dem Volk mittels Verleumdungen und Lügen die Wahrheit vorenthalten.

In der Nummer 13 der ISWESTIJA vom 15. März lesen wir:

Ihre Lügen

Die Krasnaja Gazeta berichtet in ihrer Nummer vom 12. März:
Oranienbaum, 11. März. Die Meldungen über den Ausbruch einer Matrosenrevolte in Kronstadt haben sich bestätigt.
Oranienbaum, 12. März. Gestern wurden am Tage einzelne Personen beobachtet, die sich von Kronstadt aus über das Eis an die finnische Küste schlichen. Ebenso wurde bemerkt, daß sich auch von Finnland aus Leute nach Kronstadt begaben. Alles deutet darauf hin, daß ohne Zweifel eine Verbindung mit Finnland besteht.
Oranienbaum, 12. März. Rote Flieger, die gestern Kronstadt überflogen, berichteten, daß dort auf den Straßen fast kein Mensch zu sehen war. Wachen und Verkehr gibt es nicht. Verbindungen mit Finnland sind ebenfalls nicht erkennbar.
Oranienbaum, 11. März. Überläufer aus Kronstadt berichten, daß die Stimmung unter den Matrosen sehr gedrückt ist. Das Vertrauen der Rebellenführer zu den Matrosen ist so weit gesunken, daß sie den Matrosen nicht mehr gestatten, die Kanonen zu bedienen. Dies wird ausschließlich von den Offizieren besorgt, in deren Händen auch die wirkliche Macht liegt. Die Matrosen sind fast überall kaltgestellt worden.
Feuergefecht in Kronstadt - Einer Nachricht zufolge, die wir heute erhalten haben, ist in Kronstadt wiederholt mit Gewehren und Maschinengewehren geschossen worden, was Anlaß zu der Vermutung gibt, daß in Kronstadt ein Aufstand ausgebrochen ist.

Während die Kronstädter von den Bolschewiki wider besseren Wissens der Exzesse und Gewalttaten beschuldigt werden, bedienten sich diese solcher Mittel in absolut hemmungsloser Weise.

»Drei Tage sind vergangen« - so der Leitartikel der Nr. 3 der ISWESTIJA vom 5. März - »seit Kronstadt die Schreckensherrschaft der Kommunisten abgeschüttelt hat, so wie es vor vier Jahren die

Herrschaft des Zarismus und der zaristischen Generäle abgeschüttelt hat.

Drei Tage sind vergangen, seit Kronstadts Bürger aufatmen, befreit von der Diktatur der Partei.

Die ›Führer‹ der Kronstädter Kommunisten haben sich wie ertappte Buben schmählich nach Finnland davongemacht, um ihre eigene Haut zu retten. Sie befürchten, das Provisorische Revolutionskomitee könnte zu derselben Methode greifen, die bei der Tscheka so beliebt ist: Erschießung.

Diese Befürchtungen waren unbegründet!

Das Provisorische Revolutionskomitee übt an niemandem Rache, es bedroht niemanden.

Alle Kronstädter Kommunisten befinden sich in Freiheit! Ihnen droht keinerlei Gefahr. Festgenommen wurden nur diejenigen, die zu fliehen versuchten und dabei von Patrouillen aufgegriffen wurden.

Aber auch sie sind in völliger Sicherheit, in einer Sicherheit, die sie vor der Rache der Bevölkerung für den »roten Terror« schützt. Die Familien der Kommunisten sind ebenso unantastbar wie alle Bürger. Wie reagierten aber die Kommunisten darauf? Aus dem Flugblatt, das sie gestern vom Flugzeug aus abgeworfen haben, geht hervor, daß in Petrograd eine Reihe von Personen verhaftet worden ist, die an den Kronstädter Vorgängen vollkommen unbeteiligt sind. Damit nicht genug: auch ihre Familien wurden verhaftet.

In dem Flugblatt heißt es: »Das Verteidigungskomitee erklärt all diese Verhafteten zu Geiseln für jene Genossen, die von den Meuterern in Kronstadt festgehalten werden, besonders für den Kommissar der Baltischen Flotte N. N. Kusmin, für den Vorsitzenden des Kronstädter Sowjets, den Genossen Wassiljew, und andere Kommunisten.

Wenn den verhafteten Genossen auch nur ein Haar gekrümmt wird, werden die genannten Geiseln mit ihrem Kopf dafür haften.«

So beendet das Verteidigungskomitee seine Proklamation.

Das ist die Wut der Ohnmächtigen.

Die Mißhandlung unschuldiger Familien bringt den Kommunisten keine neuen Lorbeeren ein, jedenfalls gewinnen sie auf diese Weise niemals die Macht zurück, die ihnen die Arbeiter, Matrosen und Rotarmisten Kronstadts entrissen haben.«

Kronstadt antwortet mit folgendem Funkspruch, abgedruckt in der Nummer 5 der ISWESTIJA vom 6. März:

Im Namen der Kronstädter Garnison verlangt das Provisorische Revolutionskomitee Kronstadts binnen 24 Stunden die Freilassung aller Familienangehörigen der Arbeiter, Rotarmisten und Matrosen, die der Petrograder Sowjet als Geiseln festhält.
Die Kronstädter Garnison erklärt, daß die Kommunisten in Kronstadt volle Freiheit und ihre Familienangehörigen absolute Immunität genießen. Sie lehnt es ab, dem Beispiel des Petrograder Sowjet zu folgen, denn sie betrachtet ein solches Vorgehen, selbst wenn es von der Wut der Verzweiflung diktiert ist, in jeder Hinsicht als schändlich und gemein. Solche Methoden hat die Geschichte noch nicht gesehen. Der Vorsitzende des Provisorischen Revolutionskomitees: der Matrose Petritschenko, Sekretär: Kilgast.

Das Verteidigungskomitee wütete in Petrograd, das sich im ›Belagerungszustand‹ mit all seinen Schrecken befand; aus der Provinz waren Truppen in der Hauptstadt zusammengezogen worden.
Das Komitee traf Maßnahmen zur systematischen »Säuberung der Stadt«. Zahlreiche Arbeiter, Soldaten und Matrosen, die der Sympathien mit Kronstadt verdächtigt wurden, kamen ins Gefängnis. Alle Petrograder Matrosen und verschiedene Heeresregimenter, die als »politisch unzuverlässig« eingestuft wurden, schickte man in entlegene Bezirke.
Das Komitee unter dem Vorsitz von Sinowjew übernahm vollständig die Kontrolle über Petrograd und den gesamten Distrikt. Über den ganzen Nördlichen Distrikt wurde der Kriegszustand verhängt, alle Versammlungen wurden verboten. Zum Schutz der Regierungseinrichtungen wurden außerordentliche Vorsichtsmaßregeln getroffen, vor dem Astoria-Hotel, das Sinowjew und die anderen hohen bolschewistischen Funktionäre besetzt hatten, wurden Maschinengewehre aufgestellt.

In Petrograd herrschte große Nervosität. Neue Streiks brachen aus und hartnäckig hielten sich die Gerüchte über Arbeiterunruhen in Moskau und Agrarrevolutionen im Osten und in Sibirien.

Die Bevölkerung, die der offiziellen Presse nicht trauen konnte, griff begierig die abwegigsten und offensichtlich falschen Gerüchte auf. Alle Blicke richteten sich nach Kronstadt in der Erwartung entscheidender Ereignisse.

Inzwischen wurde auf Maueranschlägen die sofortige Rückkehr der Streikenden in ihre Betriebe befohlen, weitere Arbeitsniederlegungen wurden streng verboten, die Bevölkerung wurde davor gewarnt, sich auf der Straße ›zusammenzurotten‹: Im Falle der Zusammenrottung macht die Truppe von der Schußwaffe Gebrauch, bei Widerstand wird sofort geschossen, hieß es auf diesen Anschlägen.

Petrograd war gefesselt. Dem niederträchtigsten Terror ausgeliefert, zum Schweigen verurteilt, setzte die Hauptstadt alle ihre Hoffnungen auf Kronstadt.

Das Leben in Kronstadt während des Kampfes – Die Kronstädter Presse – Sinn und Ziele seines Kampfes

Schon in den ersten Tagen der Bewegung begann Kronstadt fieberhaft mit der inneren Neugestaltung: einer gewaltigen und dringenden Aufgabe. Zahlreiche Probleme waren gleichzeitig zu lösen.

Das Provisorische Revolutionskomitee, das seinen Sitz an Bord der *Petropawlowsk* hatte, siedelte bald in das ›Haus des Volkes‹ um, ins Zentrum der Stadt, um, wie es in den ISWESTIJA hieß, »in engeren Kontakt mit der Bevölkerung« treten zu können.

Die Zahl seiner Mitglieder - am Anfang waren es nur fünf - wurde für unzureichend erachtet angesichts der vielen Erfordernisse der Stunde und bald auf fünfzehn erhöht.

Die Iswestija veröffentlichten den Rechenschaftsbericht des Komitees über seine ersten Maßnahmen (Nr. 3. vom 5. März):

Siegen oder Sterben

Eine Delegiertenversammlung - Gestern, am 4. März, um 6 Uhr abends fand im, Klubhaus der Garnison eine Versammlung von Delegierten der Truppenteile der Garnison und der Gewerkschaften statt, um Nachwahlen in das Provisorische Revolutionskomitee vorzunehmen und die Lageberichte entgegenzunehmen. Es waren 202 Delegierte anwesend: Die Mehrzahl kam direkt von der Arbeit.

Der Vorsitzende der Versammlung, der Matrose Petritschenko, teilte mit, daß das Provisorische Revolutionskomitee überlastet sei und mindestens zehn weitere Mitglieder benötige.

Aus den vorgeschlagenen 20 Kandidaten wählte die Versammlung mit überwältigender Mehrheit folgende Genossen: Werschinin, Perepelkin, Kupolow, Ososow, Walk, Romanenko, Pawlow, Bajkow, Patruschew und Kilgast.

Nach ihrer Wahl nahmen die neuen Komiteemitglieder im Präsidium Platz. Dann nahm die Versammlung den ausführlichen Bericht des Vorsitzenden des Provisorischen Revolutionskomitees, des Matrosen Petritschenko, über die Tätigkeit des Komitees vom Zeitpunkt seiner Wahl bis zum gestrigen Tag entgegen.

Der Genosse Petritschenko unterstrich die Kampfbereitschaft der gesamten Garnison der Festung und der Schiffe sowie den großen Enthusiasmus, der alle zusammen und jeden einzelnen vom Arbeiter bis zum Rotarmisten und Matrosen erfaßt hat.

Mit lebhaftem Beifall begrüßte die Versammlung die neugewählten Komiteemitglieder sowie die Schlußworte des Vorsitzenden.

Anschließend ging die Versammlung zu den laufenden Geschäften über. Es stellte sich heraus, daß Stadt und Garnison sowohl mit Lebensmitteln als auch mit Brennstoff ausreichend versorgt sind.

In der Frage der Bewaffnung der Arbeiter beschloß die Versammlung unter starkem Beifall der Arbeiter selbst und unter Zurufen »Wir siegen oder sterben!« die allgemeine Bewaffnung der Arbeitermassen, denen der innere Schutz der Stadt anvertraut wird, da die Matrosen und Rotarmisten in den Kampfabteilungen eingesetzt werden wollen.

Weiterhin wurde beschlossen, innerhalb von drei Tagen die leitenden Organe der Gewerkschaften neu zu wählen, ebenso wie den

Rat der Gewerkschaften, der das führende Organ der Arbeiter ist und in ständigem Kontakt mit dem Provisorischen Revolutionskomitee stehen wird. Danach gaben die Genossen Matrosen, die sich unter großer Gefahr von Petrograd, Strelna, Peterhof und Oranienbaum nach Kronstadt durchgeschlagen hatten, Informationsberichte über die Lage in diesen Orten.
Aus ihren Berichten geht hervor, daß die Bevölkerung und die Arbeiter dieser Städte von den Kommunisten völlig im unklaren darüber gelassen werden, was in Kronstadt geschieht. Es werden nur Gerüchte verbreitet, wonach in Kronstadt eine Bande irgendwelcher Weißgardisten und Generäle am Werk sei.
Diese letzte Mitteilung rief allgemeines Gelächter unter den Matrosen und Arbeitern der Versammlung hervor.
In noch heiterere Stimmung geriet die Versammlung, als das vom Flugzeug über Kronstadt abgeworfene »Kommunistische Manifest« verlesen wurde.
»Bei uns gibt es nur einen General, den Kommissar der Baltischen Flotte Kusmin, und der ist verhaftet worden«, erschallte es aus den hinteren Reihen.
Die Versammlung schloß mit einer Reihe von Grußbotschaften und der Äußerung der festen und einmütigen Entschlossenheit, zu siegen oder zu sterben.

Doch nicht nur das Komitee und die verschieden Organe waren aktiv: die ganze Bevölkerung wurde von der intensiven Aktivität angesteckt und nahm mit Enthusiasmus an dem Aufbauwerk teil. Die revolutionäre Begeisterung war mindestens ebenso groß wie in den Tagen des Oktober. Zum ersten Mal seit der kommunistischen Machtergreifung fühlte Kronstadt sich frei. Ein neuer Geist der Solidarität und der Brüderlichkeit hatte die Matrosen, Soldaten der Garnison, die Arbeiter und die verschiedensten Elemente in der gemeinsamen Anstrengung für die gemeinsame Sache zusammengeführt.
Die Kommunisten selbst wurden von dieser Verbrüderung der ganzen Stadt angesteckt. Sie nahmen an den Vorbereitungen für die Wahlen zum Kronstädter Sowjet teil.

Die Seiten der ISWESTIJA waren angefüllt mit Beweisen für diese allgemeine Begeisterung, die wieder da war, sobald die Massen spürten, daß sie in den freien Sowjets den wahren Weg ihrer Befreiung und die Hoffnung auf den Sieg der wahren Revolution wiedergefunden hatten.

Die Zeitung ist voll von Zuschriften, Resolutionen und Aufrufen aller Art, die von Einzelpersonen oder von verschiedenen Gruppen oder Organisationen stammen; hier kommt diese Begeisterung, die Solidarität, die Opferbereitschaft, der Wille zur Aktion, der Wunsch, sich nützlich zu machen und an dem gemeinsamen Werk zu arbeiten, klar und frei zum Ausdruck.

Der Grundsatz: »Gleiches Recht für alle, Privilegien für niemand« wurde ausgeteilt und rigoros beibehalten.

Die Lebensmittelrationen wurden vereinheitlicht. Die Matrosen, die unter der bolschewistischen Herrschaft höhere Rationen als die Arbeiter erhalten hatten, beschlossen, keine höheren Rationen mehr anzunehmen als die Arbeiter. Höhere Zuteilungen und Sonderverpflegung wurden nur den Kranken und den Kindern bewilligt.

Wir erwähnten, daß dieser allgemeine Elan auch die Kommunisten ergriff. Bei vielen von ihnen vollzog sich ein völliger Meinungsumschwung.

Die Seiten der ISWESTIJA enthalten zahlreiche Erklärungen kommunistischer Gruppierungen und Organisationen von Kronstadt, in denen die Haltung der Regierung verurteilt und die Ziele und Maßnahmen des Provisorischen Revolutionskomitees voll unterstützt werden.

Mehr noch: Eine große Anzahl Kronstädter Kommunisten zeigte öffentlich ihren Austritt aus der Partei an. In verschiedenen Nummern der ISWESTIJA wurden Hunderte von Namen von Kommunisten veröffentlicht, die es nicht mit ihrem Gewissen vereinbaren konnten länger in der Partei des »Henkers Trotzki« zu bleiben, wie sich einige von ihnen ausdrückten. Die Parteiaustritte häuften sich bald derart, daß die Zeitung aus Platzmangel auf den sofortigen Abdruck verzichten und sie dann nur noch gruppenweise veröffentlichte, wenn eine Spalte dafür frei war. Man hatte den Eindruck eines allgemeinen Exodus.

Ein paar zufällig aus der Menge gegriffene Briefe geben einen hinreichenden Eindruck von diesem bezeichnenden Umschwung:

Da ich erkenne, daß die Politik der Kommunistischen Partei das Land in eine ausweglose Sackgasse geführt hat, weil die Partei verbürokratisiert ist, weil sie nichts gelernt hat, weil sie nichts lernen und nicht auf die Stimme der Massen hören wollte, denen sie ihren Willen aufzuzwingen suchte - denken wir nur an die 115 Millionen Bauern -, da ich erkenne, daß Freiheit des Wortes und die breite Teilnahme der Massen am Aufbau des Landes aufgrund einer Änderung der Wahlverfahren das Land aus seiner Lethargie wecken würden, schließe ich mich voll und ganz der Resolution an, die auf der Stadtversammlung vom 1. März angenommen wurde und betrachte mich in Zukunft nicht mehr als Mitglied der Kommunistischen Partei. Meine Kenntnisse und Kräfte stelle ich dem Provisorischen Revolutionskomitee zur Verfügung. Ich bitte um Veröffentlichung dieser Erklärung in der örtlichen Zeitung.
Hermann Kanajew, Offizier der Roten Armee, Sohn eines der im Prozeß der 193*) Verbannten. (ISWESTIJA Nr. 3 vom 5. März)

* * *

Genossen, einfache Kommunisten, blickt um euch und ihr seht, daß wir in einen entsetzlichen Sumpf geraten sind. In diesen Sumpf hat uns jene Handvoll ›kommunistischer‹ Bürokraten geführt, die sich hinter der Maske von Kommunisten in unserer Republik warme Nester gebaut haben.

---

* Der Prozeß der 193 fand im Januar 1878 statt. Die Angeklagten waren Anhänger der Narodniki-Partei »zemja i Volja« (Land und Freiheit), die wegen revolutionärer Agitation unter der bäuerlichen Bevölkerung verhaftet worden waren. (Anm. d. Hrsg. [der Associations-Ausgabe])

Als Kommunist rufe ich euch zu: Verjagt diese Pseudokommunisten, die euch zum Brudermord anstiften. Ihretwegen müssen wir einfachen Kommunisten, die wir überhaupt nichts dafür können, uns Vorwürfe von Seiten unserer parteilosen Arbeiter- und Bauerngenossen gefallen lassen.
Ich bin entsetzt über die augenblickliche Situation.
Sollte wirklich das Blut unserer Brüder für die Interessen dieser ›kommunistischen‹ Bürokraten vergossen werden? Genossen, kommt zur Besinnung und fallt nicht auf die Provokation dieser Bürokraten herein, die euch zum Massaker anstiften, sondern schmeißt sie raus, denn ein wirklicher Kommunist soll niemandem seine Ideen aufzwingen, sondern Hand in Hand mit der Masse der Werktätigen marschieren.
Rojkali, Mitglied RKP (Bolschewiki) (ISWESTIJA Nr. 4 vom 6. März)

* * *

Da Trotzki und die kommunistischen Führer als Antwort auf den Vorschlag der Kronstädter Genossen, Delegierte aus Petrograd herüberzuschicken, die ersten Geschosse abgefeuert und Blut vergossen haben, wünsche ich, von heute an nicht mehr als Mitglied der RKP betrachtet zu werden. Ich danke den kommunistischen Bürokraten, daß sie mir so ihr wahres Gesicht gezeigt und mir erlaubt haben, meinen Irrtum zu erkennen. Ich war ein blindes Werkzeug in ihren Händen.
Andrej Brataschew, Ehemaliges Mitglied der RKP Nr. 537 575 (ISWESTIJA Nr. 7 vom 9. März)

* * *

In Erwägung, daß die gegenwärtige aussichtslose Lage das Ergebnis der Methoden eines frechen Haufens von Kommunisten ist, die sich in der Parteispitze unangreifbar eingenistet haben, weil ich außerdem nur unter Druck in die Partei eingetreten bin, verfolge ich mit Abscheu die Bilanz ihrer Taten. Allein der Arbeiter und der Bauer, die die herrschende Kommunistische Partei bis auf die letzte Feder gerupft hat, können das zugrunde gerichtete Land retten. Deshalb trete ich aus der Partei aus und stelle meine Kräfte in den Dienst der Verteidigung der werktätigen Massen.
L. Korolew, Kommandeur der 5. Batterie, 4. Division (ISWESTIJA Nr. 7 vom 9. März)

* * *

Genossen! Meine Schüler an den Schulen der Arbeiter, Rotarmisten und Matrosen!
Fast dreißig Jahre bin ich ganz in tiefer Liebe zum Volk aufgegangen und habe bis zum heutigen Tag Licht und Wissen, so gut ich es vermochte, überall dorthin getragen, wo man danach verlangte und wo man ihrer bedurfte.
Die Revolution von 1917 eröffnete meiner Arbeit unbegrenzte Möglichkeiten; ich steigerte meine Kräfte und mit noch größerer Energie fuhr ich fort, meinem Ideal zu dienen.
Die kommunistische Weisung ›Alles für das Volk‹ nahm mich durch ihre Reinheit und Schönheit gefangen und im Februar 1920 wurde ich Kandidat der RKP; doch beim ›ersten Schuß‹ auf die friedliche Bevölkerung, auf meine heißgeliebten Kinder, die in Kronstadt etwa sechs- bis siebentausend zählen, wurde ich von dem Gedanken erschüttert, ich könnte mitverantwortlich gemacht werden dafür, daß das Blut dieser unschuldigen Opfer vergossen wird. Ich spürte, daß ich nicht mehr in der Lage bin, das zu glauben und zu bekennen, was sich mit diesem brutalen Vorgehen besudelt hat, und deshalb betrachte ich mich seit dem ersten Schuß nicht mehr als Kandidatin der RKP.
Maria Nikolajowna Schatel, Lehrerin (ISWESTIJA Nr. 8 vom 10. März)

* * *

Da Trotzki als Antwort auf den Vorschlag der Kronstädter Genossen, Delegierte aus Petrograd zu entsenden, ein Flugzeug mit Bomben geschickt hat, die man auch auf unschuldige Frauen und Kinder abzuwerfen begann, wobei ihnen beinahe ein dreizehnjähriger Junge zum Opfer fiel, und da überall Erschießungskommandos gegen aufrechte Arbeiter wüten, treten wir einfache Kommunisten der Elektroabteilung des 3. Bezirks in grenzenloser Empörung über die Gewalttaten und das brutale Vorgehen Trotzkis und seiner Helfershelfer aus der Kommunistischen Partei aus und schließen uns allen aufrechten Arbeitern im gemeinsamen Kampf für die Befreiung der Werktätigen von der Unterdrükkung an. Wir wollen fortan als Parteilose betrachtet werden.
Es folgen 17 Unterschriften (ISWESTIJA Nr. 8 vom 10. März)

* * *

Ich habe drei Jahre lang als Lehrer an der Kronstädter Arbeitsschule gewirkt sowie in den Einheiten der Roten Armee und der Marine unterrichtet, und ich bin aufrichtig Schritt für Schritt mit den Werktätigen des freien Kronstadt gegangen, denen ich all meine Kräfte auf dem Felde der Bildung widme. Der große Schwung der ausgelösten Bildungswelle, der Klassenkampf der Werktätigen gegen ihre Ausbeuter und der sowjetische Aufbau zogen mich zur Partei der Kommunisten, deren Kandidat ich seit dem 1. Februar 1920 bin.

Während der Zeit, in der ich in der Partei war, offenbarten sich mir eine ganze Reihe wesentlicher Mängel an den Spitzen der Partei, die die schöne Idee des Kommunismus mit Schmutz besudelten. Unter diesen Mängeln wirkten der Bürokratismus, die Entfremdung von den Massen, die Diktatur, die große Zahl der Mitläufer und Karrieremacher, die sich aus eigensüchtigen Gründen in die Partei eingeschlichen haben und ähnliches mehr, abstoßend auf die Massen. Alle diese Erscheinungen haben zu einer tiefen Kluft zwischen den Massen und der Partei geführt: diese Kluft hat die Partei im Kampf mit der inneren Zerrüttung des Landes zu einer kraftlosen Organisation werden lassen.

Die gegenwärtigen Vorgänge aber haben die Augen für das Allerschrecklichste geöffnet: Als die vieltausendköpfige Bevölkerung Kronstadts eine Reihe gerechter Forderungen an die ›Verteidiger der Interessen der Werktätigen‹ erhob, lehnten die verbürokratisierten Spitzen der RKP diese ab, und anstatt eine freie Übereinkunft mit den Werktätigen der Stadt Kronstadt zu schließen, eröffneten sie den Bruderkrieg gegen die Arbeiter, Matrosen und Rotarmisten der revolutionären Stadt. Darüber hinaus flochten sie noch einen neuen Dorn in den Kranz der Kommunistischen Partei, indem sie vom Flugzeug aus Bomben auf die wehrlosen Frauen und Kinder Kronstadts warfen.

Da ich nicht als Anhänger der barbarischen Taten der kommunistischen Genossen erscheinen möchte und auch nicht mit den Taktiken der ›Führungsspitzen‹ übereinstimme, die Arbeiterblut vergossen und großes Unglück über das Volk gebracht haben, erkläre ich offen vor dem Provisorischen Revolutionskomitee, daß ich mich seit dem ersten Schuß auf Kronstadt nicht mehr als Kandidat der RKP betrachte und mich der Losung der Werktätigen Kronstadts voll anschließe: »Alle Macht den Sowjets und nicht den Parteien!«

T. Denisow, Lehrer an der 2. Arbeitsschule (Iswestija Nr. 10 vom 12. März)

* * *

Die Macht der Kommunistischen Partei, die das Vertrauen der Werktätigen verloren hat, ist ohne jede Gewaltanwendung und ohne jedes Blutvergießen in die Hände der revolutionären Arbeitermassen Kronstadts übergegangen. Dennoch verhängt die Zentralregierung eine Blockade über Kronstadt, sendet provokatorische Radiobotschaften aus und versucht, durch Hunger, Kälte und Verrat ja mit Gewalt, Kronstadt ihre Macht aufzuzwingen. Da diese Politik Verrat an der Hauptlosung der Sozialen Revolution - ›Alle Macht den Werktätigen‹ - bedeutet, stellen sich die herrschenden Kommunisten in eine Reihe mit den Feinden aller Werktätigen. Es gibt nur einen Ausweg: bis zuletzt auf seinem Posten zu bleiben und schonungslos alle zu bekämpfen, die mit Gewalt, Verrat oder Provokation versuchen, ihre Macht den Werktätigen aufzuzwingen. Wir brechen jede Verbindung zur Partei ab.
Die ehemaligen Mitglieder der RKP Miloradowitsch, Bessonow, Markow, Fort Totleben (ISWESTIJA Nr. 10 vom 12. März)

* * *

Da ich über die Handlungsweise, zu der der Machthaber Trotzki seine Zuflucht nimmt, wobei er sich mit dem Blut seiner Arbeiterbrüder befleckt, äußerst empört bin, halte ich es für meine moralische Pflicht, aus der Partei auszutreten. Ich bitte, dies in der Presse bekanntzugeben.
Der Kandidat der Partei und Vorsitzende der Bauarbeitergewerkschaft V. Grabezew (ISWESTIJA Nr. 10 vom 12 März)

Im folgenden bringen wir einige Auszüge aus ähnlichen Erklärungen, die eine recht gute Vorstellung vom Geist und der politischen Tendenz geben, die in allen Kreisen herrschten:

Wir, die Unterzeichnenden, traten der RKP bei, da wir glaubten, sie bringe den Willen der werktätigen Massen zum Ausdruck, doch in Wirklichkeit erwies sie sich als Henker der Arbeiter und Bauern (...). (Nr. 5. vom 7. März)

* * *

Wir Kandidaten der Kommunistischen Partei (...) erklären einstimmig, daß wir nicht für die Regierung, sondern ganz für die gerechte Sache der Werktätigen eintreten (...). (Nr. 7 vom 9. März)

* * *

Die Parteien haben sich stets mit der Politik beschäftigt. Als aber der Bürgerkrieg vorbei war, verlangte man von den Parteien nur, daß sie die Arbeit und das wirtschaftliche Leben des Landes wieder in geregelte Bahnen brachten und den Wiederaufbau der ruinierten Wirtschaft des Landes einleiteten.
Der Bauer brauchte keinen Kommissar, um zu begreifen, daß die Stadt Brot braucht, und der Arbeiter wird sich selbst bemühen, dem Bauern alles zu liefern, was er für seine Arbeit braucht. (Nr. 11 vom 13. März)

* * *

Resolution der Gefangenen

Auf der Generalversammlung der Gefangenen Kursanti, der Mitglieder des Kommandobestands und der Rotarmisten vom 14. März in der Festlandmanege, an der 240 Personen teilnahmen, wurde folgende Resolution einstimmig angenommen:
»Uns Moskauer und Petrograder Kursanti, Mitgliedern des Kommandobestands und Rotarmisten wurde am 8. März befohlen, zum Angriff auf die Stadt Kronstadt vorzugehen. Man sagte uns, daß Weißgardisten in Kronstadt eine Meuterei angezettelt hätten. Als wir ohne zu schießen an das Kronstadter Ufer kamen und auf Vortrupps von Matrosen und Arbeitern stießen, haben wir uns davon überzeugt, daß es in Kronstadt keinerlei weißgardistische Meuterei gibt, sondern daß dort im Gegenteil Matrosen und Arbeiter die Herrschaft der Kommissare gestürzt haben. Auf der Stelle sind wir da aus freiem Antrieb auf die Seite der Kronstädter Übergegangen, und jetzt bitten wir das Revolutionskomitee der Stadt Kronstadt uns den Truppenteilen der Roten Armee einzugliedern, weil wir die Arbeiter und Bauern nicht allein Kronstadts, sondern ganz Rußlands verteidigen wollen.
Wir sind davon überzeugt, daß das Provisorische Revolutionskomitee von Kronstadt tatsächlich auf dem richtigen Weg der Befreiung aller Werktätigen ist, und nur unter der Losung ›Alle Macht den Sowjets und nicht den Parteien‹ kann die begonnene Sache zu Ende geführt werden. (Nr. 14 vom 16. März)

* * *

Wir Rotarmisten des Forts Krasnoarmejetz (Rotarmist) stehen voll und ganz auf der Seite des Revolutionskomitees. Bis zuletzt werden wir das Komitee, die Arbeiter und Bauern verteidigen.

Wir versichern, daß die kommunistischen Proklamationen und Behauptungen, die vom Flugzeug abgeworfen worden sind, verlogen sind. Wir haben hier weder Generäle noch ehemalige Grundbesitzer. Kronstadt war und ist eine Arbeiter- und Bauernstadt.
Die Kommunisten behaupten, daß wir von Agenten angeführt werden. Das ist eine glatte Lüge. Ebenso wie wir die von der Revolution errungenen Freiheiten in der Vergangenheit verteidigt haben, werden wir dies auch in Zukunft tun. Wer sich davon überzeugen will, soll eine Delegation zu uns schicken. Was die Generäle angeht, so stehen sie im Dienst der Kommunisten.
In diesem Augenblick, da sich das Schicksal des Landes entscheidet, erklären wir, die wir die Macht in die eigenen Hände genommen und dem Revolutionskomitee die Führung des Kampfes anvertraut haben, der ganzen Garnison und den Arbeitern, daß wir bereit sind, für die Freiheit des werktätigen Volkes zu sterben, und befreit vom kommunistischen Joch und vom Terror der vergangenen drei Jahre werden wir lieber sterben als einen einzigen Schritt zurückweichen.
Die Besatzung des Forts Krasnoarmejetz (ISWESTIJA Nr. 5 vom 7. März)

Die leidenschaftliche Liebe für das freie Rußland und der grenzenlose Glaube in die ›echten Sowjets‹ hatten die Kronstädter durchdrungen.
Bis zum bitteren Ende hofften sie auf Unterstützung ganz Rußlands und vor allem Petrograds, um dann die Befreiung des ganzen Landes zu verwirklichen:

Genossen Matrosen, Arbeiter und Rotarmisten von Kronstadt!

Wir, die Garnison des Marineforts Totleben, schicken euch brüderliche Grüße in dieser schweren Stunde unseres ruhmreichen Kampfes gegen das verhaßte kommunistische Joch. Wir alle sind wie ein Mann bereit, für die Befreiung unserer leidenden Brüder, der Arbeiter und Bauern ganz Rußlands, die mit List und Gewalt in die Ketten der verfluchten Sklaverei geschlagen worden sind, zu sterben. Wir hoffen, bald durch einen entscheidenden Vorstoß den Ring der Feinde um Kronstadt zu zerschlagen und allen Menschen unserer gequälten Heimat die Freiheit zu bringen, die wahre Gerechtigkeit und Freiheit.

Diese Resolution der Mannschaft des Marineforts Totleben erschien in der letzten Nummer der ISWESTIJA der Aufständischen (Nr. 14 vom 16. März 1921). Der Feind stand vor den Toren von Kronstadt. Petrograd und das übrige Rußland war niedergeschmettert und entmutigt durch eine furchtbare Entfaltung der Polizei- und Militärkräfte und war offensichtlich außerstande, die kommunistische Umklammerung zu sprengen. Dem heldenhaften Häufchen der Verteidiger der Festung, die von einer gewaltigen, der Regierung blind ergebenen Kadettenarmee angegriffen wurde, blieb fast keine Hoffnung mehr. Und schon am nächsten Tag sollte Kronstadt in die Hände dieser Armee fallen. Doch beflügelt von ihrem großen Ideal, von der Reinheit ihrer Ziele, von ihrem glühenden Glauben an die bevorstehende Befreiung, hofften und kämpften sie weiter.

Nicht die Kronstädter wollten den bewaffneten Kampf.

Sie suchten eine friedliche und brüderliche Lösung des Konflikts: Ihr Mittel sollte die freie Neuwahl des Sowjets sein, eine Übereinkunft mit den Kommunisten, Überzeugung, die freie Aktion der werktätigen Massen.

Der Brudermord wurde ihnen aufgezwungen. Und je mehr sich die tragischen Ereignisse zuspitzten, desto fester waren sie entschlossen, für ihre erhabene und gerechte Sache bis ans Ende zu kämpfen.

Bezeichnend für ihre Haltung war die Auswahl, die sie unter den sich anbietenden Helfern traf.

Die Kronstädter erhielten Hilfsangebote von verschiedenen Seiten, insbesondere von den rechten Sozialrevolutionären. Doch sie lehnten jede Hilfe von rechts strikt ab. Und auch von den linken Richtungen nahmen sie nur freie, aufrichtige, ergebene, brüderliche und nicht politische Hilfe an. Sie akzeptierten die Hilfe von Freunden, nicht aber, wenn sie an ›Bedingungen‹ geknüpft war.*

Während des Aufstandes sind insgesamt 14 Nummern der ISWESTIJA des ›Provisorischen Revolutionskomitees‹ erschienen, vom 3. bis 16. März. Die edle, die glühende Hoffnung der Aufständischen auf ein neues, wahrhaft freies Leben für Kronstadt und für ganz Rußland, ihre Opferbereitschaft und ihr fester Entschluß, sich »bis zum letzten Blutstropfen« zu verteidigen in dem Kampf, der ihnen aufgezwungen wurde. Alle diese charakteristischen Züge spiegeln sich in einer Reihe von Zeitungsartikeln wider, in denen sie ihre Position erläuterten, ihre Ansichten formulierten, die Blinden und Getäuschten aufklärten und zu überzeugen versuchten und, wie wir gesehen haben, auf die Verleumdungen und Taten der Kommunisten antworteten.

Diese kaum bekannten historischen Dokumente sollten von den Arbeitern aller Länder immer wieder gelesen werden. Sie sollten sie zum Nachdenken anregen und sie warnen vor dem fundamentalen Irrtum, der die Revolution von 1917 zugrunde gerichtet hat und der bereits die kommende Revolution in anderen Ländern bedroht: die Aktion unter der Führung der politischen Parteien; die Rekonstruktion einer

---

* Um nur ein signifikantes Beispiel herauszugreifen: Eine vom Revolutionskomitee nach Petrograd entsandte Delegation hatte die Weisung zwei Anarchisten nach Kronstadt zu geleiten, die hier gut bekannt waren, den Genossen Jartschuk (Autor eines bekannten Werkes: Kronstadt in der russischen Revolution, New York 1923, russ.) und mich. Das Provisorische Revolutionskomitee legte Wert auf unsere Mitarbeit und rechnete mit unserer freundschaftlichen und uneigennützigen Hilfe. In Kronstadt wußte man noch nicht, daß wir beide von den Bolschewiki verhaftet und eingesperrt worden waren. Diese Tatsache, so geringfügig sie sein mag, beweist einmal mehr die Unabhängigkeit Kronstadts und seine revolutionäre Ausrichtung: Eine konterrevolutionäre Bewegung hätte niemals die Mitarbeit von Anarchisten gesucht. Übrigens hatte der Vorsitzende des Provisorischen Revolutionskomitees Petritschenko selbst anarchistische Sympathien.

politischen Macht; die Errichtung einer neuen Regierung; der Aufbau eines zentralisierten Staates unter neuen, sinnentleerten Etiketten wie ›Diktatur des Proletariats‹, ›proletarische Regierung‹, ›Arbeiter- und Bauernstaat‹ usw. Diese Dokumente, sowie das ganze Kronstädter Epos selbst, beweisen augenfällig, daß das, was wirklich dem Arbeiter und Bauern gehören soll, weder mit einer Regierung noch mit einem Staat zu tun haben kann, und daß das, was staatlich ist, nichts mit Arbeiter und Bauer zu tun hat.
Die erste Nummer der Iswestija vom 3. März 1921 enthält neben einigen Ratschlägen und administrativen Mitteilungen das Manifest »An die Bevölkerung der Festung und der Stadt Kronstadt« sowie die berühmte Resolution der Matrosen (siehe oben).

In der Nummer 2 vom 4. März, aus der wir schon einige Erklärungen sowie die Radiobotschaft Moskaus zitiert haben, findet sich neben anderen administrativen Meldungen und Anordnungen der bezeichnende ›Aufruf‹ des Provisorischen Revolutionskomitees:

An die Bevölkerung von Kronstadt

Bürger! Kronstadt erlebt jetzt eine Zeit intensiven Kampfes um die Freiheit. Jede Minute kann mit der Offensive der Kommunisten gerechnet werden, die das Ziel verfolgt, sich Kronstadts zu bemächtigen und uns von neuem ihre Herrschaft aufzuzwingen, die uns Hunger, Kälte und wirtschaftlichen Ruin gebracht hat.
Wir werden alle bis zum letzten Mann die von uns errungene Freiheit standhaft verteidigen und werden nicht zulassen, daß Kronstadt erobert wird. Und wenn die Kommunisten versuchen sollten, dies mit Waffengewalt zu erreichen, werden wir Ihnen die verdiente Abfuhr erteilen.
Deshalb weist das Provisorische Revolutionskomitee die Bürger rechtzeitig darauf hin, damit sie nicht in Panik oder Furcht geraten, falls man Schüsse hören sollte.
Ruhe und Besonnenheit allein werden uns den Sieg bringen.

Das Provisorische Revolutionskomitee

Aus der Nummer 3 (vom 5. März) haben wir bereits das wichtigste zitiert, zu erwähnen wäre noch folgende kleine Meldung:

In Kronstadt herrscht vollkommene Ordnung, die auch seit dem Übergang der Macht in die Hände des Provisorischen Revolutionskomitees nicht gestört worden ist. Alle Behörden arbeiten normal; die Straßen sind belebt. In den ganzen drei Tagen ist nicht ein einziger Schuß gefallen.

Auch aus der Nummer 4 (vom 6. März) haben wir das meiste abgedruckt (außer den verschiedenen kleinen Mitteilungen, die in allen Nummern auftauchen); zu erwähnen wäre allerdings noch der Leitartikel dieser Nummer:

Die schwielenbedeckten Hände der Kronstädter Matrosen und Arbeiter haben den Kommunisten das Steuer aus den Händen gerissen und sie haben sich selbst ans Steuerrad gestellt.
Kraftvoll und sicher lenken sie das Schiff der Sowjetmacht nach Petrograd, von wo sich die Herrschaft der schwieligen Hände über das ganze leidgeprüfte Rußland ausbreiten soll.
Aber seid auf der Hut, Genossen!
Verstärkt eure Wachsamkeit: eine klippenreiche Strecke führt euch ins offene Fahrwasser.
Eine einzige unbedachte Drehung des Steuerrades, und das Schiff mit seiner euch so teuren Ladung - mit der Ladung des sozialen Aufbaus - kann auf einen Felsen auflaufen.
Habt ein wachsames Auge auf die Kommandobrücke, Genossen, denn schon schleichen sich die Feinde an sie heran. Ein einziger Fehler, und sie entreißen euch das Steuerrad, und das sowjetische Schiff sinkt, unter dem schadenfrohen Gelächter der zaristischen Lakaien und der Handlanger der Bourgeoisie.
Genossen, ihr feiert in diesem Augenblick einen großen und unblutigen Sieg über die Diktatur der Kommunisten, und mit euch feiern auch eure Feinde. Aber die Motive der Freude sind bei euch und bei ihnen völlig verschieden. Ihr seid beseelt von dem heißen Verlangen, die wirkliche Macht der Sowjets wiederherzustellen, und getragen von der edlen Hoffnung, dem Arbeiter und dem Bauern das Recht zu verschaffen, über sein Land und über die Früchte seiner Arbeit frei zu verfügen; sie aber hegen die

Hoffnung, die zaristische Peitsche und die Vorrechte der Generäle zu erneuern.
Eure Interessen sind grundverschieden, und daher sind sie nicht eure Weggenossen.
Ihr mußtet die Macht der Kommunisten brechen, um friedlichen Aufbau und schöpferische Arbeit leisten zu können; sie aber brauchen den Sturz der Kommunisten, um die Arbeiter und Bauern zu versklaven.
Ihr sucht die Freiheit, sie wollen euch erneut die Ketten der Knechtschaft anlegen.
Seid wachsam! Laßt keine Wölfe im Schafspelz nahe an die Kommandobrücke heran.

Der Leitartikel der Nummer 5 (vom 7. März) lautet folgendermaßen:

›Feldmarschall‹ Trotzki droht dem freien revolutionären Kronstadt, das sich gegen die dreijährige Selbstherrschaft der kommunistischen Kommissare erhoben hat.
Der neue Trepow* droht den Werktätigen, die das schändliche Joch der kommunistischen Parteidiktatur abgeschüttelt haben, sie mit Waffengewalt zu zerschmettern und die friedliche Bevölkerung Kronstadts zu erschießen, und er gibt den Befehl aus: »Nicht mit Patronen sparen.« Er wird schon genug davon haben für die revolutionären Matrosen, Rotarmisten und Arbeiter.
Ihm, dem Diktator des von den Kommunisten vergewaltigten Sowjetrußland ist es ja vollkommen gleichgültig, was aus den werktätigen Massen wird, wenn nur die Macht in den Händen der Partei, der RKP, bleibt.
Er besitzt die Unverfrorenheit, im Namen des geduldigen Sowjetrußland zu sprechen und Gnade zu verheißen.
Dieser blutrünstige Trotzki, der Anführer der kommunistischen ›Kosaken‹, die erbarmungslos Ströme von Blut im Namen der Selbstherrschaft der RKP vergießen, dieser Trotzki, der den freien Geist erstickt, wagt es, so zu denjenigen zu sprechen, die kühn und fest die rote Fahne Kronstadts hochhalten.

---

* General D. F. Trepow (1855-1916) war einer der berüchtigsten Generäle unter Nikolaus II. Seit 1905 Generalgouverneur von Petrograd, wurde er berühmt durch seinen Befehl an die Truppen im Zuge der Unruhen von 1905: »Nicht mit Patronen sparen.«

Um den Preis des Blutes der Werktätigen und der Leiden ihrer verhafteten Familien hoffen die Kommunisten, ihre Selbstherrschaft wieder herzustellen, die Matrosen, Rotarmisten und Arbeiter zu zwingen, erneut ihren Kopf hinzuhalten damit die Kommunisten sich noch besser einnisten und ihre verhängnisvolle Politik fortsetzen, die das ganze werktätige Rußland an den Rand des allgemeinen Chaos, des Hungers und der Kälte gebracht hat. Jetzt ist es genug! Die Werktätigen lassen sich nicht länger betrügen! Kommunisten, eure Hoffnungen sind vergebens, eure Drohungen schrecken niemanden.
Die Revolution der Werktätigen steht jetzt vor ihrer schwersten Prüfung, in deren Verlauf die gemeinen Verleumder und Gewalttäter vom russischen Boden hinweggefegt werden, der durch ihre Taten besudelt worden ist; eure Gnade aber, Herr Trotzki, brauchen wir nicht!

In derselben Nummer lesen wir folgende Notiz:

Wir üben keine Rache

Die lange Zeit der Unterdrückung durch die Diktatur der Kommunisten über die Werktätigen hat eine völlig verständliche Empörung in den Massen hervorgerufen, infolgedessen wurden in gewissen Stellungen Angehörige von Kommunisten boykottiert oder ihres Postens enthoben. Das darf nicht sein. Wir nehmen nicht Rache, aber wir verteidigen unsere Arbeiterinteressen. Wir müssen besonnen handeln und nur diejenigen von ihren Posten entfernen, die durch Sabotage oder verleumderische Agitation die Wiederherstellung der Macht und der Rechte der Werktätigen zu behindern versuchen.

Auch der folgende Artikel befindet sich in dieser Nummer:

Wir und sie

Da sie nicht mehr wissen, wie sie die Macht, die ihren Händen entgleitet, halten sollen, greifen die Kommunisten zu den niederträchtigsten Provokationen. Ihre infamen Zeitungen hatten zunächst alle Kräfte mobilisiert, um die Volksmassen aufzuhetzen und die Kronstädter Bewegung als eine weißgardistische Verschwörung hinzustellen. Jetzt aber hat die Bande notorischer Halunken die Losung ausgegeben: »Kronstadt hat sich an Finnland verschachert.« Ihre Zeitungen speien Gift und Galle. Und da es ihnen

nicht gelungen ist, das Proletariat davon zu überzeugen, daß in Kronstadt die Weißgardisten am Werk sind, versuchen sie jetzt, auf das Nationalgefühl zu setzen.
Die ganze Welt weiß bereits aus unseren Rundfunkbotschaften, wofür die Kronstädter Garnison und die Arbeiter kämpfen, aber vor den Petrograder Brüdern versuchen die Kommunisten, den Sinn des Geschehens zu entstellen.
Petrograd ist von einem Ring von Bajonetten der Kursanti und der Partei-Garde umgeben, und der Maljuta Skuratow* - Trotzki - läßt keine Delegierten der parteilosen Arbeiter und Rotarmisten nach Kronstadt durch, aus Furcht, sie könnten dort die ganze Wahrheit erfahren, denn diese Wahrheit wird die Kommunisten im Handumdrehen hinwegfegen, und das werktätige Volk, dem es wie Schuppen von den Augen fällt, wird dann die Macht in die eigenen schwieligen Hände nehmen.
Das ist der Grund, warum der Petrograder Sowjet auf unser Funktelegramm nicht geantwortet hat, das die Bitte enthielt, wirklich unparteiische Genossen nach Kronstadt zu entsenden.
Aus Furcht um ihre eigene Haut verheimlichen die Führer der Kommunisten die Wahrheit und verbreiten Gerüchte, wonach in Kronstadt Weißgardisten am Werk seien, das Kronstädter Proletariat sich an Finnland und an französische Spione verkauft habe und die Finnen bereits eine Armee aufgestellt hätten, um zusammen mit den Kronstädter Rebellen Petrograd zu besetzen usw.
Auf all das können wir nur eines antworten. Alle Macht den Sowjets! Hände weg von dieser Macht, Hände, an denen das Blut derjenigen klebt, die für die Sache der Freiheit im Kampf mit den Weißgardisten, den Grundbesitzern und der Bourgeoisie gefallen sind!

Schließlich finden wir in dieser Nummer so etwas wie ein ›Glaubensbekenntnis‹ der Kronstädter: ihr Programm und das Testament, das sie den werktätigen Massen der künftigen Revolutionen hinterlassen haben. Klar und deutlich sind hier ihre Ziele und ihre Hoffnungen zum Ausdruck gebracht:

---

* Maljuta Skuratow war der Führer der berüchtigten Opritschnina Ivans IV (des Schrecklichen). Sein Name wurde zum Symbol hemmungsloser Grausamkeit.

Die Ziele für die wir kämpfen

Als die Arbeiterklasse der Oktoberrevolution zum Sieg verhalf, hoffte sie, dadurch ihre Befreiung zu erlangen. Das Ergebnis aber war eine noch schlimmere Versklavung der menschlichen Persönlichkeit.

Die Macht der Polizeimonarchie ging in die Hände der - kommunistischen - Usurpatoren über, die den Werktätigen statt der Freiheit nur ständige Furcht vor der Folterkammer der Tscheka brachten, deren Greueltaten die der zaristischen Gendarmerie noch um ein Vielfaches übertrafen.

Nach den vielen Kämpfen und Leiden erntete der Werktätige Sowjetrußlands nur Bajonettstiche, Kugeln und grobe Anschnauzer der ›Kosaken‹ der Tscheka. Das ruhmreiche Wappen des Arbeiterstaates - Hammer und Sichel - ersetzte die kommunistische Regierung durch Bajonett und Kerkergitter, um der neuen Bürokratie, den kommunistischen Kommissaren und Beamten, ein ruhiges, sorgloses Leben zu sichern.

Am schändlichsten und verbrecherichsten ist jedoch die geistige Versklavung durch die Kommunisten. Sie machten auch vor dem Denken, vor den moralischen Anschauungen der Werktätigen nicht halt, sondern zwangen sie, nur in den kommunistischen Formeln zu denken.

Mit Hilfe der staatlichen Gewerkschaften fesselten sie die Arbeiter an ihre Werkbänke und machten so die Arbeit nicht zur Freude, sondern zur neuen Sklaverei. Auf die Proteste der Bauern, die sich in spontanen Aufständen entluden, und der Arbeiter, die schon durch ihre Lebensbedingungen zu Streiks gezwungen waren, antworteten sie mit Massenerschießungen und mit einer Blutgier, die der der zaristischen Generäle in nichts nachstand.

Das werktätige Rußland, das als erstes Land die rote Fahne der Befreiung der Arbeit erhoben hatte, wurde vollkommen ertränkt im Blut derjenigen, die zum Ruhm der kommunistischen Herrschaft zu Tode gequält wurden. In diesem Meer von Blut erstickten die Kommunisten alle die großen und leuchtenden Verheißungen und Losungen der Arbeiterrevolution.

Es ist jetzt klar geworden, daß die RKP nicht das ist, als was sie sich ausgibt: die Verteidigerin der Arbeiterklasse. Die Interessen des arbeitenden Volkes sind ihr fremd. Sie hat die Macht ergriffen und fürchtet jetzt nur eines: sie zu verlieren. Um das zu verhindern, sind ihr alle Mittel recht: Verleumdung, Betrug, Gewaltanwendung, Rache an den Familien derer, die sich widersetzen.

Aber die Geduld der Werktätigen ist am Ende.
Unser Land brennt. An vielen Orten flammt das Feuer der Rebellion gegen Unterdrückung und Gewalt. Immer häufiger brechen Arbeiterstreiks aus. Schon hat das Polizeiregime der Bolschewiki Vorkehrungen getroffen, um sich vor der unvermeidlichen ›Dritten Revolution‹ zu schützen.
Sie ist trotzdem gekommen, und sie wird von den werktätigen Massen selbst verwirklicht. Die Generäle des Kommunismus wissen genau, daß es das Volk ist, das sich erhoben hat, weil es überzeugt ist, daß sie die Ziele des Sozialismus verraten haben. Aber obwohl sie um ihre Haut fürchten und wissen, daß sie dem Zorn der Arbeiter nicht entgehen können, versuchen sie dennoch mit Hilfe ihrer Kosaken, die Aufständischen durch Einkerkerungen, Erschießungen und andere Grausamkeiten einzuschüchtern. Doch das Leben unter dem kommunistischen Joch ist schrecklicher geworden als der Tod.
Das aufständische werktätige Volk hat erkannt, daß man im Kampf gegen die Kommunisten und, gegen die von ihnen wiederaufgerichtete Leibeigenschaft nicht auf halbem Wege stehenbleiben kann. Man muß bis zum Ende gehen. Sie täuschen Konzessionen vor: Sie beseitigen die Kontrollabteilungen (gegen den Schwarzhandel) im Petrograder Gouvernement und zehn Millionen Goldrubel werden für den Ankauf von Lebensmitteln im Ausland bewilligt. Man täusche sich aber nicht: Hinter diesem Köder verbirgt sich die eiserne Faust des Herrn, des Diktators, der nur darauf wartet, bis wieder Ruhe eingekehrt ist, um sich dann seine Zugeständnisse hundertfach vergelten zu lassen.
Nein, es gibt kein Halten auf halbem Weg! Sieg oder Tod! Das Rote Kronstadt, der Schrecken der Konterrevolutionäre von rechts und links, hat ein Beispiel gegeben.
Hier vollzog sich ein neuer, gewaltiger revolutionärer Umschwung. Hier wurde das Banner des Aufstands zur Befreiung von der nun schon drei Jahre währenden Gewaltherrschaft der Kommunisten erhoben, die drei Jahrhunderte monarchistisches Joch verblassen ließ.
Hier in Kronstadt wurde der Grundstein zur Dritten Revolution gelegt, die die letzten Ketten von den werktätigen Massen nehmen wird und die einer schöpferischen Tätigkeit im Geiste des Sozialismus den Weg bahnen wird.
Diese neue Revolution wird auch die werktätigen Massen in Ost und West aufrütteln, da sie im Gegensatz zum bürokratischen,

kommunistischen ›Schaffen‹ ein Beispiel des neuen sozialistischen Aufbaus geben wird. Sie wird die werktätigen Massen jenseits unserer Grenzen durch Tatsachen davon überzeugen, daß alles, was bei uns bisher im Namen der Arbeiter und Bauern geschaffen wurde, mit Sozialismus nichts zu tun hatte.

Der erste Schritt ist getan. Kein einziger Schuß ist dabei gefallen, kein Tropfen Blut ist vergossen worden. Der Arbeiter braucht kein Blut zu vergießen, er wird allenfalls aus Notwehr schießen. Ungeachtet aller empörenden Taten der Kommunisten besitzen wir Selbstbeherrschung genug, um uns darauf zu beschränken, sie aus dem öffentlichen Leben auszuschließen, damit sie durch ihre böswillige, falsche Agitation nicht die revolutionäre Arbeit behindern.

Die Arbeiter und Bauern schreiten unaufhaltsam voran, sie lassen die Verfassung mit ihrer bürgerlichen Ordnung ebenso hinter sich wie die Diktatur der Kommunistischen Partei mit ihrer Tscheka und ihrem Staatskapitalismus, die sich wie eine Todesschlinge um den Hals der werktätigen Massen legte und sie endgültig zu erwürgen drohte.

Das Blatt hat sich gewendet. Die werktätigen Massen werden jetzt endlich ihre Sowjets frei wählen, Sowjets, die keinem Druck von irgendeiner Partei ausgesetzt sind. Die Gewerkschaften und Bauernorganisationen sind keine Marionetten der Regierung mehr; sie werden sich zu freiwilligen Assoziationen der Arbeiter, Bauern und schaffenden Intelligenz umbilden.

Der Polizeiknüppel der kommunistischen Autokratie ist endlich zerbrochen.

Der Nummer 7 vom 9. März entnehmen wir die beiden folgenden kurzen Artikel:

Höre, Trotzki

Die Kommunisten haben in ihren Rundfunksendungen ganze Kübel von Schmutz über die Führer der Dritten Revolution ausgeschüttet, die die wahre Macht der Sowjets gegen die widerrechtliche Machtergreifung der Kommissare verteidigen.

Der Bevölkerung Kronstadts haben wir das Vorgehen der Kommunisten nicht verheimlicht und alle ihre verleumderischen Angriffe in unseren Iswestija abgedruckt.

Wir hatten nichts zu befürchten. Die Bürger wissen, wie der Aufstand vor sich ging und von wem er vollzogen wurde.

Die Arbeiter und Rotarmisten wissen, daß es in der Garnison weder zaristische Generäle noch Weißgardisten gibt.
Das Provisorische Revolutionskomitee hatte seinerseits auch einen Radioappell nach Petrograd gerichtet mit der Forderung, die von den Kommunisten festgenommenen Geiseln - die Arbeiter, Matrosen und ihre Familien - ebenso wie die politischen Gefangenen aus den überfüllten Gefängnissen freizulassen. In einer zweiten Funkbotschaft schlugen wir vor, zu uns nach Kronstadt parteilose Delegierte zu senden, die den Verlauf des Geschehens an Ort und Stelle beobachten und dann der Petrograder Arbeiterschaft die Augen öffnen könnten. Was aber taten die Kommunisten?
Sie verheimlichten diese Funkbotschaften den Arbeitern und Rotarmisten.
Die Truppenteile des Feldmarschalls Trotzki, die zu uns übergelaufen sind, haben uns Petrograder Zeitungen mitgebracht, und in ihnen steht kein Wort von unseren Funkbotschaften! Ist es denn schon so lange her, seit diese Betrüger, die gewohnt sind, mit gezinkten Karten zu spielen, laut schrien, es dürfe vor dem Volk keinerlei Geheimnisse, auch keine diplomatischen, geben? Höre Trotzki, Du kannst zwar, solange du dem Gericht des Volks noch entgehst, Unschuldige haufenweise erschießen lassen, aber die Wahrheit kannst du nicht erschießen.
Sie wird ans Licht kommen, und dann mußt du und deine ›Kosaken‹ für alles geradestehen.

Der zweite konstruktive Artikel eröffnete die Diskussion über folgendes Problem:

Die Umgestaltung der Gewerkschaften

Unter der Diktatur der Kommunisten wurden die Aufgaben der Gewerkschaften und insbesondere ihrer Verwaltung auf ein Minimum reduziert. Während der vier Jahre einer revolutionärgewerkschaftlichen Bewegung im sozialistischen Rußland hatten unsere Gewerkschaften überhaupt keine Möglichkeit, wirkliche, reine Klassenorganisationen zu sein. Das lag nicht an ihnen, sondern an der Politik der regierenden Partei, die eine zentralisierte, ›kommunistische‹ Entwicklung der Massen anstrebt.
Daher lief die Arbeit der Gewerkschaften auch nur auf einen völlig überflüssigen Schriftverkehr zur Abfassung von Meldungen über die Zahl der Mitglieder dieser oder jener Betriebs-

vereinigung, dieser oder jener Fachrichtung, Parteizugehörigkeit usw. hinaus.
Auch in bezug auf einen wirtschaftlich-kooperativen Aufbau der Republik und der kulturellen Entwicklung der Arbeitergewerkschaften wurde nichts getan.
Das ist nicht verwunderlich, denn wenn man den Gewerkschaften das Recht auf breit angelegte Eigeninitiative gewährt hätte, dann wäre die ganze Ordnung des zentralisierten Aufbaus der Kommunisten unweigerlich zusammengebrochen und damit wären die Kommissare und die politischen Abteilungen überflüssig geworden.
Gerade diese Schwäche hat zweifellos die Arbeitermassen von den Gewerkschaften ferngehalten, weil letztere sich in eine kommunistische Polizeizelle verwandelten, die eine wirklich gewerkschaftliche Aktivität der arbeitenden Klassen verhinderte.
Mit dem Sturz der Diktatur der Kommunistischen Partei muß sich jedoch die Rolle der Gewerkschaften von Grund auf ändern. Deshalb müssen neugewählte Gewerkschaften und Verwaltungsorgane der Gewerkschaftsbewegung die große kämpferische Aufgabe erfüllen, die Massen zum wirtschaftlichen und kulturellen Aufbau des Landes zu erziehen. Sie müssen ihrer Aktivität einen neuen gesunden Strom zuführen und zum Ausdruck der Interessen des Volkes werden.
Die Sozialistische Sowjetrepublik kann nur dann stark sein, wenn ihre Leitung den werktätigen Klassen in der Gestalt erneuerter Gewerkschaften zufällt.
Laßt uns ans Werk gehen, Genossen Arbeiter! Laßt uns neue Gewerkschaften aufbauen, die frei von jeder Art Unterdrückung sind - in ihnen liegt unsere Stärke.

Die Nummer 8 vom 10. März beschäftigt sich vor allem mit den militärischen Ereignissen: dem Angriff auf Kronstadt und seiner Verteidigung.
Die Nummer 9 vom 11. März enthält einen glühenden Aufruf: »An die Genossen Arbeiter und Bauern«, aus dem wir die wichtigsten Passagen zitieren wollen:

Zur Befreiung der Arbeiter und Bauern hat Kronstadt den heroischen Kampf mit der verhaßten bolschewistischen Regierung begonnen. (...)

Das, was jetzt geschieht, ist von den Kommunisten selbst vorbereitet worden, es ist das Resultat ihres dreijährigen blutigen Zerstörungswerkes. Die Briefe aus den Dörfern sind voller Klagen und Verwünschungen an die Adresse der Kommunisten. Unsere aus dem Urlaub zurückgekehrten Kameraden haben uns voll Zorn und Empörung von den Greueltaten der Kommunisten in ganz Rußland berichtet. Und schließlich haben wir auch selbst gespürt, gesehen und gehört, was um uns herum vor sich gegangen ist. Von überall her, aus den Dörfern und Städten des unermeßlichen weiten Rußland ist großes, schweres Wehklagen zu uns gedrungen, das uns in Empörung versetzt und unseren Arm stark gemacht hat.

Wir wollen nicht Vergangenes wieder aufrichten. Wir sind keine Diener der Bourgeoisie, keine Mietlinge der Entente. Wir sind für die Macht aller Werktätigen, aber nicht für die schrankenlose tyrannische Gewalt irgendeiner einzelnen Partei.

In Kronstadt gibt es keinen Koltschak, keinen Denikin und auch keinen Judenitsch. In Kronstadt regiert das werktätige Volk.

Die Vernunft und das Gewissen der einfachen. Kronstädter Matrosen, Rotarmisten und Arbeiter haben schließlich jenen Weg, jene Worte gefunden, die uns aus der Sackgasse herausführen werden. (...)

Anfangs wollten wir alles auf friedlichem Wege regeln, aber die Kommunisten wollten keinen Zentimeter nachgeben. Schlimmer als Nikolaus klammern sie sich an die Macht und sind bereit, ganz Rußland im Blut zu ertränken, wenn sie nur unumschränkt herrschen können.

Und nun hetzt der blutgierige Trotzki, dieser böse Geist Rußlands, unsere Kinder, eure Brüder, auf uns, deren Leichen zu Hunderten das Eis vor der Festung Kronstadt bedecken. Schon vier Tage lang tobt der Kampf, vier Tage donnern die Kanonen, fließt Bruderblut. Schon vier Tage lang schlagen Helden alle feindlichen Angriffe siegreich zurück.

Wie ein Geier schwebt Trotzki über unserer heldenhaften Stadt, aber er wird sie nicht nehmen. So weit reicht sein Arm nicht.

Unsere Feinde operieren allein mit ›Kursanti‹, kommunistischen Eliteeinheiten und mit betrogenen Truppen, die von weit hergeholt worden sind und mit Maschinengewehren im Rücken vorwärtsgetrieben werden. (...)

Genossen Arbeiter! Kronstadt kämpft für euch, die Hungernden, Frierenden und schlecht Gekleideten!

Solange die Bolschewiki herrschen, werdet ihr niemals bessere Zeiten erleben. Seit drei Jahren ernähren sie euch mit erfrorenen Kartoffeln, rostigen Heringen und Versprechungen, doch das Leben wird immer schlimmer und schlimmer.
Ihr aber nehmt alles geduldig hin.
Sagt doch warum? Wirklich nur deshalb, damit die Kommunisten im Überfluß leben und die Kommissare sich mästen? Oder habt ihr etwa noch Vertrauen in sie?
Sinowjew hat auf einer Sitzung des Petrograder Sowjet, als er von den Millionen in Gold berichtete, die für den Ankauf von Lebensmitteln bewilligt worden sind, errechnet, daß auf jeden Arbeiter 50 Rubel entfallen werden. Das, Genossen, ist der Preis, den die bolschewistische Börse für euren Kopf festgesetzt hat. (...) Genossen Bauern! Mehr als alle anderen hat euch die kommunistische Regierung betrogen und ausgeplündert. Wo ist das Land geblieben, das ihr den Gutsbesitzern entrissen habt, das Land, von dem ihr so lange Jahre geträumt habt? Es wurde den Kommunisten übergeben oder in die Sowchosen übernommen, und ihr schaut und leckt euch die Finger. Alles hat man euch genommen, alles, was man nur nehmen konnte. Ihr seid der Plünderung, dem völligen Ruin preisgegeben. Ihr seid ausgezehrt vom bolschewistischen Frondienst. Mit hungrigem Magen, zum Schweigen verurteilt, nackt und bloß werdet ihr gezwungen, ohne Murren den Willen der neuen Herren zu erfüllen.
Genossen, die Kronstädter haben das Banner des Aufstands erhoben und sind überzeugt, daß Millionen und aber Millionen Arbeiter und Bauern ihrem Ruf folgen werden.
Die Morgenröte, die hier in Kronstadt angebrochen ist, muß zum hellen Tag für ganz Rußland werden.
Die Kronstädter Explosion muß ganz Rußland und vornweg Petrograd beflügeln. Unsere Feinde haben die Gefängnisse mit Arbeitern gefüllt. aber noch sind viele kühne und aufrechte Arbeiter in Freiheit. Erhebt euch, Genossen, zum Kampf gegen die kommunistische Autokratie!

In derselben Nummer findet sich folgender Artikel, den wir auszugsweise zitieren:

Uns sind die Augen aufgegangen

Das Provisorische Revolutionskomitee und die Redaktion der ISWESTIJA sind von Kommunisten mit Austrittserklärungen aus der

Partei überschüttet worden. (...) Was bedeutet diese überstürzte Fluchtbewegung?
Furcht vor der Rache des werktätigen Volkes, das den Bolschewiki die Macht entrissen hat?
Nein und tausendmal nein!
Wir sagten zu einer Arbeiterin, die uns von ihrem Parteiaustritt informierte: »Ihr flüchtet ja alle!« Sie antwortete empört: »Wir flüchten nicht: Die Augen sind uns aufgegangen!«
Das Blut der Arbeiter, das zum Vergnügen der Wahnsinnigen, die ihre Macht verteidigen, das Eis der Finnischen Bucht rötet, dieses Blut hat dem Volk die Augen geöffnet.
Alle, die noch einen Funken Ehre bewahrt haben, fliehen jetzt vor der Demagogenbande so schnell die Beine tragen.
Zurück bleiben nur die korrupten, verbrecherischen Elemente. Zurück bleiben die Kommissare aller Dienstgrade, die Tschekisten und die ›höheren Chargen‹ die sich auf Kosten des hungernden Arbeiters und Bauern dick und rund gefressen haben, mit Taschen prall gefüllt mit Gold, das sie in den Museen und Palästen geraubt haben - Güter, die das Volk mit seinem Blut erworben hat.
Dieses ganze Pack hofft noch auf irgendetwas.
Aber vergebens! Das Volk, das im Handumdrehen das Joch des Zarismus und der Gendarmerie abzuschütteln vermochte, wird auch die Ketten der kommunistischen Leibeigenschaft abschütteln können.
Dem werktätigen Volk ist es wie Schuppen von den Augen gefallen.

Die Nummer 10 vom 12. März bringt nichts Wesentliches, was nicht schon zitiert worden wäre, außer einigen Passagen eines Artikels mit der Überschrift »Die Etappen der Revolution«:

Eine neue - kommunistische - Knechtschaft wurde errichtet. Der Bauer wurde zum Knecht auf den Sowchosen, der Arbeiter zum Lohnempfänger in einer staatlichen Fabrik. Die schaffende Intelligenz verschwand. Wer zu protestieren versuchte, wanderte in die Folterkeller der Tscheka. Mit denen, die sich immer noch auflehnten, machte man kurzen Prozeß... Sie wurden an die Wand gestellt. Die Atmosphäre wurde zum Ersticken. Ganz Rußland verwandelte sich in ein riesiges Zuchthaus.

Die Nummer 11 Vom 13. März befaßt sich hauptsächlich mit militärischen Ereignissen. Daneben enthält sie eine Reihe von Erklärungen verschiedener Organe und anderes mehr.
In der Nummer 12 vom 14. März finden wir folgenden bemerkenswerten Artikel:

Man muß mit den Wölfen heulen

Man hätte erwarten können, daß Lenin in diesem großen Augenblick, da die Werktätigen um ihre mit Füßen getretenen Rechte kämpfen, nicht heucheln sondern die Wahrheit sagen würde.
Irgendwie machten sich die Arbeiter und Bauern von Lenin eine ganz andere Vorstellung als von Trotzki und Sinowjew.
Wenn man Trotzki und Sinowjew kein einziges Wort mehr glaubte, so war doch das Vertrauen zu Lenin noch nicht verlorengegangen.
Aber...
Am 8. März wurde der X. Parteitag der RKP eröffnet, und Lenin wiederholte die üblichen Lügen über das aufständische Kronstadt.* Er erklärte, daß die Bewegung unter der Losung der Freiheit, des »freien Handels« stehe, und fügte dann hinzu: »Sie war für die Sowjets und nur gegen die Diktatur der Bolschewiki«, und er vergaß nicht, »die weißen Generäle und das anarchistische kleinbürgerliche Element« einzuflechten.
Wir sehen, daß sich Lenin in Widersprüche verwickelte, als er einerseits diese Niederträchtigkeit behauptete und andererseits ausplauderte, daß die Wurzel der Bewegung im Kampf um die Macht der Sowjets und gegen die Diktatur der Partei zu suchen ist.
In seiner Verwirrung erklärte er: »Diese kleinbürgerliche Konterrevolution ist zweifellos gefährlicher als Denikin, Judenitsch und Koltschak zusammengenommen (...), so klein oder geringfügig zunächst die Machtverschiebung, die die Kronstädter Matrosen und Arbeiter vorschlugen, gewesen wäre.«
Und er hatte allen Grund, verwirrt zu sein. Der Schlag der revolutionären Kronstädter ist kraftvoll, und die Anführer der Partei, die ihr Maß überschritten hat, spürten das nahe Ende ihrer Autokratie.

---

* W. I. Lenin, Ausgewählte Werke in sechs Bänden, Bd. 5., Ffm 1971 S. 172 ff (Anm. d. Übers.)

Die große Verwirrung Lenins durchzieht daher auch alle seine Äußerungen über Kronstadt. Die Worte ›gefährlich‹ und ›Gefahr‹ wiederholen sich ständig. Er sagte, die Kommunisten brauchten »maximale Geschlossenheit«, um der politischen Gefahr dieser ›Konterrevolution‹ Herr zu werden.
Ja, der Führer der Kommunisten hat allen Grund, zu zittern und zu »maximaler Geschlossenheit« aufzurufen, weil nicht nur die Diktatur der Kommunisten, sondern auch die Partei selbst einen Riß bekommen hat.
Konnte Lenin überhaupt die Wahrheit sagen? Es ist noch nicht lange her, seit er auf einer kommunistischen Diskussionsversammlung der Gewerkschaften ausrief: »Was mich betrifft, so habe ich das gründlich satt, und ich würde mich, abgesehen von meiner Krankheit, mit dem größten Vergnügen davon zurückzuziehen, ich möchte mich davor retten, ganz gleich wohin.«*
Aber seine Gesinnungsgenossen werden ihn nicht entkommen lassen. Er ist ihr Gefangener und muß genauso verleumden wie sie auch. Auf der anderen Seite steht Kronstadt der Politik der Partei im Weg, denn Kronstadt fordert nicht ›Freiheit des Handels‹, sondern die wirkliche Macht der Sowjets.

Dieselbe Nummer veröffentlichte eine scharfe Philippika gegen Sinowjew:

Eitle Hoffnungen

Die Petrograder PRAWDA vom 11. März bringt einen Brief Sinowjews an die parteilosen Genossen.
Dieser freche Lümmel stellt mit Bedauern fest, daß die kommunistischen Arbeiter in den Petrograder Betrieben weniger geworden seien, weshalb »die Kommunisten um jeden Preis rechtschaffene parteilose Arbeiter und Arbeiterinnen zur Arbeit in den Sowjets heranziehen müßten«.
Daß es in den Betrieben weniger Kommunisten gibt, ist verständlich alles flüchtet aus der Partei der Verräter; verständlich ist auch, daß die Tschekisten den parteilosen Arbeitern mit allen Mitteln den Mund stopfen wollen, indem sie sie zur Mitarbeit heranziehen.

---

* W. I. Lenin;. Über die Gewerkschaften, die gegenwärtige Lage und die Fehler des General Trotzki, S. in: Lenin, a.a.o., s. 75. (Anm. d. Übers.)

»Laßt uns planmäßig rangehen«, schreibt dieser Provokateur, »die Parteilosen systematisch zur Arbeit heranzuziehen«.
Aber welcher aufrechte Arbeiter möchte noch dieser Bande von Räubern, Kommissaren und Tschekisten angehören?
Die Arbeiter verstehen sehr wohl, daß diese neuen Gendarmen mit Zugeständnissen aller Art ihr Murren zum Schweigen bringen und ihre Wachsamkeit einschläfern müssen, um dann nur noch kräftiger mit eisernen Zangen zuzupacken.
Die Arbeiter sehen, wie man mit ihren parteilosen Genossen in Kronstadt umspringt.
»Mit dem Baltischen Werk hatten wir in letzter Zeit ein schweres Mißverständnis«, jammert Sinowjew weiter, »wenn aber das Baltische Werk als erstes den aufgestellten Plan erfüllt und so den anderen ein Beispiel gibt, werden ihm viele Fehler verziehen werden«.
Hier hat sich der Provokateur selbst verraten.
Es ist erst ein paar Tage her, daß die Kommunisten in ihren Radiobotschaften den Kronstädter Arbeitern beteuert haben, in Petrograd sei alles in bester Ordnung und das Baltische Werk arbeite normal, und jetzt ist auf einmal von einem »schweren Mißverständnis« die Rede, und es ergeht die Aufforderung »den anderen Betrieben« ein Beispiel zu geben.
Also herrscht auch in den »anderen Betrieben« keine Ruhe?
Wann hat Sinowjew nun gelogen - damals oder jetzt?
Um die Arbeiter des Baltischen Werkes für sich zu gewinnen, versprechen ihnen die Kommunisten alle Güter der Erde.
»Wir werden die im Augenblick wichtigsten Stellen mit Arbeitern besetzen: in der Lebensmittelversorgung, in der Brennstoffversorgung, in der Kontrolle über die Sowjetbehörden usw.«
»Wir werden den parteilosen Arbeitern die Möglichkeit geben, sich durch ihre Delegierten aktiv an den Lebensmittelkäufen zu beteiligen, die man im Ausland gegen Goldwährung für die Petrograder Arbeiter tätigen wird, damit sie diese schweren Monate durchstehen.
Wir werden die Frage nach der Bekämpfung des Bürokratismus in unseren Behörden aufrollen.
Wir werden hart miteinander ins Gericht gehen und scharfe Kritik üben und dennoch im Hauptsächlichen und Grundlegenden zu einer Übereinkunft gelangen.«

Solch liebliche Töne singt Sinowjew, um die Arbeiter zu besänftigen und ihre Aufmerksamkeit von den Kanonenschüssen abzulenken, die auf ihre Kronstädter Brüder abgefeuert werden.
Warum haben denn die Kommunisten bisher geschwiegen? Warum haben sie während ihrer fast vierjährigen Herrschaft nicht entsprechend gehandelt?
Das ist ganz einfach, sie konnten früher nicht so handeln, und sie werden es auch jetzt nicht können.
Wir kennen den Wert ihrer Versprechen, und nicht nur ihrer Versprechen sondern auch ihrer Verträge (die nichts als Papierfetzen sind). Nein, der Arbeiter wird seine Freiheit und das Blut seiner Brüder nicht für alles Gold der Welt verkaufen.
Diesen nichtssagenden Plan der ›Verständigung‹ kann Sinowjew getrost fallenlassen.
Jetzt, da sich die Kronstädter Brüder zur Verteidigung der wahren Freiheit erhoben haben, können die Arbeiter den Kommunisten nur eine Antwort geben:
Provokateure und Henker, tretet schleunigst ab, solange ihr noch Gelegenheit dazu habt, euch aus dem Staub zu machen, aber betrügt euch nicht selbst mit eitlen Hoffnungen.

Schließlich finden wir in dieser Nummer einen Aufruf des Provisorischen Revolutionskomitees, aus dem wir folgende Passagen entnehmen:

Die Kommunistische Partei hat euch, als Sie die Macht eroberte, alle für die werktätigen Massen erstrebenswerten Güter versprochen. Und was sehen wir jetzt?
Vor drei Jahren hat man uns gesagt: »Wenn ihr wollt, könnt ihr eure Vertreter abberufen und die Sowjets neu wählen.«
Als wir Kronstädter aber verlangten, Sowjets neu wählen zu können, die vom Druck der Partei frei sein sollten, da gab der neue Trepow -Trotzki - den Befehl: »Nicht mit Patronen sparen.«
Welch ein Verrat!
Wir haben verlangt, eine Delegation Petrograder Arbeiter zu uns zu senden, damit ihr euch vergewissern könntet, welche Generäle wir haben und wer unsere Bewegung führt.
Diese Delegation ist nicht gekommen. Die Kommunisten fürchten, die Delegation könnte die Wahrheit erfahren und euch davon berichten.

Der Leitartikel der vorletzten Nummer der ISWESTIJA der Aufständischen (Nr. 13 vom 15. März) verdient es, ganz wiedergegeben zu werden:

Handelsfirma Lenin, Trotzki & Co.

Die Handelsfirma Lenin, Trotzki & Co. hat gute Arbeit geleistet. Die verbrecherische, absolute Politik der herrschenden Kommunistischen Partei hat Sowjetrußland in einen Abgrund des Elends und des Ruins geführt.
Es wäre an der Zeit abzutreten. Aber es sind offenbar noch nicht genug Tränen und Blut der Werktätigen geflossen.
Gerade während des historischen Kampfes, den das revolutionäre Kronstadt für die von den Kommunisten verhöhnten und mit Füßen getretenen Rechte des werktätigen Volkes kühn begonnen hat, ist der Krähenschwarm zu seinem X. Parteitag zusammengetreten und ist sich darüber einig geworden, wie man das brudermörderische Werk noch schlauer und erfolgversprechender fortsetzen kann. Ihre Unverschämtheit hat den Höhepunkt erreicht. Seelenruhig sprechen sie von der »Erteilung von Konzessionen«. Lenin erklärt schlicht: »Wir haben begonnen, das Prinzip der Konzessionen zu entwickeln. Der Erfolg hängt nicht von uns ab, wir müssen uns jedoch um ihn bemühen«, und weiter gesteht er, daß die Bolschewiki Sowjetrußland in eine ausweglose Lage gebracht haben; er erklärt, daß »unsere Wirtschaftskrise derart tiefgehend ist, daß wir nicht imstande sein werden, die zerstörte Wirtschaft ohne technische Hilfe aus dem Ausland wieder aufbauen zu können. Die Krise erwies sich als derart akut, daß wir unsere Goldfonds nicht allein für den Ankauf von Maschinenausrüstung verwenden können, sondern Mittel zum Ankauf von Kohle verausgaben mußten, die wir bei uns im Land hätten haben können. Wir werden uns auf noch größere Zugeständnisse einlassen müssen, um Konsumgüter für die Bauern und Arbeiter zu kaufen« (tröstet Lenin).
Wo ist denn die in Ordnung gebrachte Wirtschaft, derentwegen der Arbeiter in einen Sklaven der staatlichen Fabrik und der Bauer in einen Leibeigenen der Sowchose verwandelt wurden?
Aber damit nicht genug. Als Lenin sich über die Landwirtschaft äußerte, versprach er, daß die Fortsetzung des »Ökonomischen Funktionarismus« – wie er sich selbst ausdrückt – der Kommunisten noch mehr ›Wohlstand‹ bringen werde:

»Die Wiederherstellung der Großindustrie ist nur möglich, wenn eben diesen kleinen Landwirten Opfer auferlegt werden.«

Das ist der ›Wohlstand‹, den der Kopf der Bolschewiki dem verspricht, der auch weiterhin das Joch der Herrschaft der Kommissare geduldig erträgt.

Recht hatte der Bauer, der auf dem VIII. Sowjetkongreß erklärte: »Alles steht zum besten, nur ... das Land gehört zwar uns, das Brot aber gehört euch; das Wasser gehört zwar uns, die Fische darin aber gehören euch; die Wälder gehören zwar uns, das Holz aber gehört euch.«

Der Werktätige braucht sich jedoch keine Sorgen zu machen. Lenin verspricht »dem kleinen Produzenten eine ganze Reihe von Zugeständnissen zu machen ihm eine gewisse Freiheit im Umsatz auf dem lokalen Markt zu geben«.

Wie der ›gute‹ alte Gutsbesitzer beabsichtigt er, eine Reihe kleiner Zugeständnisse zu machen, um dann umso fester den Schraubstock der Parteidiktatur anzuziehen, was klar aus folgendem Satz hervorgeht: »Und wir wissen, daß man hier ohne Zwang nicht auskommen wird - ohne Zwang, auf den die verelendete Bauernschaft sehr heftig reagiert.«*

Das ist klar: Dem Bettler kann man auch noch das letzte Hemd wegnehmen. So also versteht Lenin die Aufgabe des friedlichen Aufbaues: wirtschaftliche Konzessionen nach oben, Steuern nach unten.

In derselben Nummer befindet sich folgender aufschlußreicher Rückblick:

Was die ›Kommune‹ uns gebracht hat.

»Genossen, wir werden uns ein neues, schönes Leben aufbauen«, so sagten und schrieben die Kommunisten. »Wir werden die ganze Welt der Gewalt zerstören und uns ein helles, sozialistisches Paradies errichten«, so sangen sie dem Volke vor.

Was ist dabei herausgekommen?

Die besten Häuser und Wohnungen sind von Ämtern und Behörden belegt, und ihre Bürokraten haben sich darin ausgebreitet

---

* Die Lenin-Zitate dieses Artikels sind ebenfalls seiner Rede auf dem X. Parteitag entnommen. Vgl. Anm. weiter oben (Anm. d. Übers.)

und sich warm und behaglich eingerichtet. Die Zahl der Wohnungen ist dadurch verringert worden, und die Arbeiter wohnen dort, wo sie schon immer gewohnt haben, nur auf viel engerem Raum und viel ärmlicher. Die Häuser verfallen, die Öfen gehen kaputt, zerbrochene Fensterscheiben werden nicht ersetzt, die Dächer verrotten und das Wasser beginnt einzudringen. Die Zäune fallen ein, die Wasserleitungen sind zur Hälfte unbenutzbar, die Toiletten funktionieren nicht, die Wohnungen quellen über von Müll und die Bürger verrichten ihre Notdurft auf benachbarten Höfen. Die Stiegen sind nicht beleuchtet und schmutzig, die Höfe verunreinigt, die Mülltonnen und -gruben überfüllt. Die Straßen sind schmutzig, die Bürgersteige nicht geräumt und rutschig. Es ist gefährlich, sie zu betreten.

Um eine Wohnung zu bekommen, muß man Protektion in der Abteilung für Wohnungsfragen haben, andernfalls ist gar nicht daran zu denken. Nur die Privilegierten haben geräumige, bequeme Wohnungen.

Noch schlechter steht es mit der Lebensmittelversorgung. Verantwortungslose und unfähige Funktionäre haben Tausende von Tonnen Nahrungsmittel verkommen lassen. Kartoffeln werden nicht anders als in erfrorenem Zustand zugeteilt; das Fleisch ist im Frühjahr und im Sommer immer verdorben. Früher hat man nicht einmal den Schweinen das verfüttert, was heute die Bürger von den Erbauern des ›paradiesischen‹ Lebens bekommen.

Der ›ehrbare Sowjetfisch‹ - der Hering - hat bisher die Lage gerettet, aber auch er ist in letzter Zeit kaum mehr zu bekommen. Die sowjetischen Läden erweisen sich als noch schlechter, wie die Betriebsläden traurigen Angedenkens, in denen die Herren Fabrikanten jeden Schund absetzen und die versklavten Arbeiter kein Wort dazu sagen durften.

Um das Familienleben zu zerstören, haben unsere Herrscher die Gemeinschaftskantinen eingeführt - und was ist bei alledem herausgekommen?

Das Essen in den Kantinen ist noch schlechter. Die Lebensmittel werden gestohlen, und die Bürger bekommen, was übrigbleibt. Etwas besser steht es um die Verpflegung der Kinder, doch auch sie reicht nicht aus, vor allem gibt es nicht genug Milch. Die Kommunisten haben seinerzeit der werktätigen Bevölkerung jedes zweite Stück Vieh für ihre eigenen Sowchosen abgenommen. Die Hälfte davon haben sie umkommen lassen. Die Milch der restlichen Kühe aber fließt zuerst einmal den Verwaltern und Angestellten zu, und nur der Rest bleibt für die Kinder.

Am schlimmsten aber steht es um Kleidung und Schuhwerk. Getragen wird nur das, was in früheren Zeiten noch als Reserve angeschafft worden war. Wenn überhaupt irgend etwas zur Verteilung gelangt, dann ist es nur sehr wenig (jetzt werden zum Beispiel in einer der Gewerkschaften Knöpfe verteilt: 1,5 Knöpfe pro Person, ist das nicht zum Lachen?). Schuhe sind überhaupt nicht zu bekommen. Wenn der Weg ins kommunistische Paradies auch kurz ist, so kann man ihn doch nicht ohne Schuhsohlen gehen. Indes gibt es Kanäle, in denen alles fließt, was nur gebraucht wird. Leute, die den sogenannten ›Kooperativen‹ nahestehen oder mit der Regierung zu tun hatten, besitzen alles.
Sie haben ihre eigene Kantine und Sonderrationen. Das ›Bezugsschein-Büro‹, das die Waren nach der Gunst der Kommissare verteilt, steht zu ihren Diensten. Aber man hat erkannt, daß die ›Kommune‹ jede produktive Arbeit untergraben und letzten Endes zunichte gemacht hat. Jede Lust und jedes Interesse an der Arbeit ist verloren gegangen. Die Schuster, Schneider, Klempner usw., haben alles liegen gelassen und sind jeder, wer weiß wohin, gegangen; sie verrichten Wach-, Kurier- und sonstige Dienste.
So sieht das Paradies aus, das zu errichten die Bolschewiki begonnen haben. An die Stelle des früheren Regimes ist ein neues Regime der Willkür, der Frechheit, der ›Vetternwirtschaft‹, des Diebstahls und der Spekulation getreten, ein furchtbares Regime, unter dem man gezwungen ist, für jedes Stück Brot, für jeden Knopf der Regierung die Hand hinzustrecken, und unter dem man sich selbst nicht mehr gehört und über sich selbst nicht mehr verfügen kann: ein Regime der Sklaverei und der Erniedrigung.

Der Nummer 14 vom 16. März (der letzten erschienenen Nummer), die zum größten Teil den Ereignissen des sich verschärfenden Kampfes und dem laufenden Geschehen gewidmet ist, entnehmen wir diesen letzten Artikel, der den vorhergehenden ergänzt:

Der sogenannte ›Sozialismus‹

Als die Matrosen, Rotarmisten, Arbeiter und Bauern die Oktoberrevolution durchführten, vergossen sie ihr Blut für die Macht der Sowjets, für die Errichtung einer Republik der Arbeiter.
Die Kommunistische Partei, die die Stimmung unter den Massen genau studiert hatte, schrieb verlockende Losungen auf ihre Fah-

nen, die die werktätigen Massen begeisterten und mitrissen; sie versprachen ihnen, sie in das strahlende Reich des Sozialismus zu führen, das zu errichten allein die Bolschewiki imstande seien.

Natürlich ergriff die Arbeiter und Bauern eine grenzenlose Freude. Sie dachten, endlich werde die Sklaverei unter dem Joch der Gutsbesitzer und der Kapitalisten der Vergangenheit angehören. Es schien, als sei die Zeit der freien Arbeit auf dem Lande, in den Betrieben und Werkstätten angebrochen, als sei alle Macht in die Hände der Werktätigen übergegangen.

Durch eine gerissene Propaganda wurden die Söhne des werktätigen Volkes in die Reihen der Partei gezogen und dort an die Kette einer strengen Disziplin gelegt. Als sich die Kommunisten dann stark genug fühlten, schalteten sie zuerst Schritt für Schritt die Sozialisten anderer Richtungen aus, und schließlich stießen sie die Arbeiter und Bauern selbst vom Ruder des Staatsschiffes weg, fuhren aber gleichzeitig fort, das Land in deren Namen zu regieren.

Die Kommunisten ersetzten die gestohlene Macht durch die Bevormundung der Kommissare und die Wilkürherrschaft über Leib und Seele der Bürger Sowjetrußlands. Dem gesunden Menschenverstand zuwider und gegen den Willen der Werktätigen begannen sie, anstatt des Reiches der freien Arbeit hartnäckig einen Staatssozialismus mit entsprechenden Sklaven aufzubauen.

Nachdem sie die Produktion trotz der ›Arbeiterkontrolle‹ hatten verfallen lassen, ›nationalisierten‹ die Bolschewiki die Betriebe und Fabriken. Aus einem Sklaven des Kapitalisten wurde der Arbeiter nun zum Sklaven der Staatsbetriebe. Aber auch das war bald nicht mehr genug. Man beabsichtigte, das berüchtigte Taylor-System einzuführen. Das ganze werktätige Bauerntum wurde zum Volksfeind erklärt und den Kulaken zugerechnet. Findige Kommunisten schritten zur Zerstörung und machten sich daran, neue Sowjetwirtschaften, Höfe des neuen Gutsherrn, des Staates, anzulegen. Das ist alles, was der Bauer - an Stelle der freien Arbeit auf befreitem Boden - vom bolschewistischen Sozialismus bekommen hat.

Als Gegenleistung für das Brot, das fast vollständig requiriert wurde, und für die weggenommenen Kühe und Pferde gab es Razzien der Tscheka und Eschießungen. Ein schöner Warentausch in einem Arbeiterstaat: Brot gegen Blei und Bajonette.

Das Leben der Bürger wurde todlangweilig, freudlos, bürokratisch, ein Leben nach dem Plan der Machthaber. Statt der freien Entfaltung der Persönlichkeit, statt eines freien Arbeiterlebens

kam es zu einer unglaublichen, noch nie dagewesenen Sklaverei. Jedes freie Denken, jede berechtigte Kritik an den Taten der verbrecherischen Regenten wurde zum Verbrechen erklärt und mit Gefängnis oder nicht selten auch mit Erschießungen bestraft. Im ›sozialistischen Vaterland‹ begann die große Zeit der Todesstrafe, dieses Schandmals der Menschenwürde.
Das ist das strahlende Reich des Sozialismus, das uns die Diktatur der Kommunistischen Partei beschert hat. Man hat uns einen Staatssozialismus hingestellt mit Sowjets, die aus Beamten bestehen, die gehorsam für das stimmen, was ihnen vom Parteikomitee mit seinen unfehlbaren Kommissaren befohlen wird.
Die Losung »Wer nicht arbeitet, soll auch nicht essen« wurde von dem neuen ›Sowjet‹-Regime in ihr Gegenteil verkehrt: alles für die Kommissare; für die Arbeiter, Bauern und die schaffende Intelligenz ist es bei der freudlosen Arbeit in einer Gefängnisatmosphäre geblieben.
Das wurde unerträglich, und im Kampf für einen Sozialismus anderer Art, für eine Sowjetrepublik der Arbeiter, wo der Produzent selbst uneingeschränkter Herr und Verwalter der Produkte seiner Arbeit ist, zerbrach das revolutionäre Kronstadt als erstes die Ketten und die Eisengitter des Gefängnisses.

Zum Abschluß dieser Dokumentation wollen wir noch einige Losungen zitieren, die die meisten Nummern der ISWESTIJA als große Überschriften trugen und die Forderungen und Gefühle der Kronstädter veranschaulichen können:

Alle Macht den Sowjets und nicht den Parteien!

Die Macht der Sowjets wird die Landarbeiter vom Joch der Kommunisten befreien!

Lenin sagt: »Der Kommunismus ist Sowjetmacht plus Elektrifizierung.« Das Volk aber stellt fest, daß der bolschewistische Kommunismus der Absolutismus der Kommissare plus Erschießungen ist.

Die Sowjets und nicht die Verfassung sind das Bolwerk der Arbeiter.

Es lebe das freie Kronstadt und die Macht der freien Sowjets!

KAPITEL V

Der letzte Akt

Der Angriff auf Kronstadt – Der letzte Kampf – Das Ende der Unabhängigkeit

Bleibt noch der letzte Akt der Tragödie: der Angriff auf Kronstadt, seine heldenhafte Verteidigung, sein Fall.

In der Nr. 5 der ISWESTIJA vom 7. März finden wir die Einzelheiten der Verhandlungen über die Entsendung einer Delegation von Petrograder Arbeitern nach Kronstadt zum Zwecke der Information an Ort und Stelle:

Verhandlungen über die Entsendung von Delegierten

Das Provisorische Revolutionskomitee hat aus Petrograd folgendes Funktelegramm erhalten:
»Meldet nach Petrograd, ob einige Leute aus dem Sowjet - Parteilose und Parteimitglieder - von Petrograd aus nach Kronstadt geschickt worden können, um sich darüber zu informieren, worum es geht.«
Die Antwort des Provisorischen Revolutionskomitees erfolgte unmittelbar darauf über Funk:
Funktelegramm an den Petrograder Sowjet. - Wir haben die Nachricht des Petrograder Sowjet erhalten: »Besteht die Möglichkeit, aus Petrograd einige Leute nach Kronstadt herüberzuschicken - Parteilose und Parteimitglieder -, um sich darüber zu informieren, worum es geht«; und wir teilen euch mit:
Der Parteilosigkeit eurer Parteilosen trauen wir nicht.
Wir schlagen vor, daß aus den Betrieben und aus den Reihen der Rotarmisten und Matrosen Vertreter der Parteilosen in Anwesenheit unserer Delegierten gewählt werden. Außer den, in der genannten Weise gewählten Parteilosen, könnt ihr noch 15% Kommunisten mitschicken. Die Antwort mit Angabe des Termins, an dem die Vertreter Kronstadts nach Petrograd und die Vertreter Petrograds nach Kronstadt abgesandt werden sollen, erwarten wir am 6. März um 18 Uhr.
Falls es bei euch nicht möglich sein sollte, zur festgesetzten Zeit zu antworten, bitten wir euch, euren Termin zu nennen und die Gründe für den Aufschub uns wissen zu lassen.

Für die Delegierten Kronstadts müssen die Transportmittel gestellt werden.

Das Provisorische Revolutionskomitee

In Petrograd gingen nun pausenlos Gerüchte um, wonach die Regierung militärische Operationen gegen Kronstadt vorbereitete; aber die Bevölkerung glaubte nicht daran, die Sache schien zu empörend, zu absurd.

Die Petrograder wußten nicht, was in Kronstadt vor sich ging, da die einzigen zugänglichen Informationsquellen die kommunistische Presse und ihre Bulletins waren, in denen es hieß, »der zaristische General Koslowski organisiere eine konterrevolutionäre Rebellion in Kronstadt«. Das Volk sah gespannt der angekündigten Sitzung des Petrograder Sowjet entgegen, der über das Vorgehen gegen Kronstadt entscheiden sollte.

Der Sowjet trat am 4. März zusammen; nur die einberufenen Mitglieder erhielten Zutritt, also fast ausschließlich Kommunisten.

Der Anarchist Alexander Berkman, der bei dieser Sitzung persönlich anwesend war, schreibt darüber in seiner ausgezeichneten Studie über den Kronstädter Aufstand (die auf denselben Quellen fußt, nämlich den ISWESTIJA des Provisorischen Revolutionskomitees und auf überprüften Augenzeugenberichten):*

---

* Soviel ich weiß, ist diese Studie zuerst auf englisch in Form einer starken Broschüre erschienen, wurde dann im Zuge der spanischen Ereignisse in der spanischen anarchistischen Zeitschrift Timon abgedruckt, schließlich erschien sie auf französisch in der anarchistischen Zeitschrift Le Libertaire in verschiedenen fortlaufenden Nummern im Januar 1939. (Anm. von Volin)
(Eine deutsche Übersetzung erschien 1923 in Berlin: Alexander Berkman, Die Kronstadt Rebellion, Verlag »Der Syndikalist« Berlin 1923, hier S. 22 f. Anm. d. Hrsg.[der Associations-Ausgabe])

»Als Vorsitzender des Petrograder Sowjets eröffnete Sinowjew die Sitzung und setzte in einer langen Rede die Kronstädter Situation auseinander. Ich gestehe, daß ich eher zugunsten Sinowjews Gesichtspunkt gestimmt zu dieser Sitzung kam: ich war auf meiner Hut vor der leisesten Möglichkeit gegenrevolutionären Einflusses in Kronstadt.

Aber Sinowjews Rede selbst überzeugte mich, daß die kommunistischen Anklagen gegen die Matrosen reine Erfindungen waren ohne einen Funken von Wahrheit. Ich hatte Sinowjew bei verschiedenen früheren Gelegenheiten gehört. Ich hatte in ihm einen Redner gefunden, der zu überzeugen wußte, sobald seine Voraussetzungen gegeben waren. Aber diesmal strafte seine ganze Haltung, seine Argumentation, sein Ton und seine Art und Weise, all das strafte seine Worte Lügen. Ich konnte fühlen, wie sein eigenes Gewissen protestierte. Das einzige gegen Kronstadt vorgebrachte ›Beweismaterial‹ war die berühmte Resolution vom 1. März, deren Forderungen gerecht und sogar mäßig waren. Und doch wurde einzig auf der Grundlage dieses Dokuments, unterstützt von der heftigen, beinahe hysterischen Anklage der Matrosen durch Kalinin, der verhängnisvolle Schritt unternommen. Im vornherein vorbereitet und vorgelegt durch Jewdokimow mit der Stentorstimme, die rechte Hand Sinowjews, wurde die Resolution gegen Kronstadt von den auf einen Gipfelpunkt von Intoleranz und Blutdurst emporgeschraubten Delegierten angenommen, – angenommen unter stürmischem Protest mehrerer Delegierter von Petrograder Fabriken und der Wortführer der Matrosen. Die Resolution erklärte Kronstadt einer gegenrevolutionären Erhebung gegen die Sowjetmacht schuldig und verlangte seine sofortige Ergebung.

Das war eine Kriegserklärung. Selbst viele Kommunisten weigerten sich zu glauben, daß die Resolution zur Ausführung gelangen werde: es würde eine gräßliche Sache sein, mit Waffengewalt den ›Stolz und Ruhm der Russischen Revolution‹ anzugreifen, wie Trotzki die Kronstädter Matrosen getauft hatte. Im Freundeskreis drohten viele nüchtern denkende Kommunisten, aus der Partei auszutreten, wenn eine solche Bluttat verübt werden würde.«

Am Tag darauf, dem 5. März, gab Trotzki sein Ultimatum an Kronstadt heraus. Es wurde der Kronstädter Bevölkerung über Funk mitgeteilt und in der Nummer 5 der Iswestija vom 7. März neben zwei Funktelegrammen über die Entsendung einer Delegation veröffentlicht. Die Verhandlungen über eine solche Delegation wurden natürlich abgebrochen. Das Ultimatum hatte folgenden Wortlaut:

Die Arbeiter- und Bauernregierung hat beschlossen, Kronstadt und die meuternden Schiffe unverzüglich der Sowjetrepublik wieder unterzuordnen. Ich befehle daher allen, die ihre Hand gegen das Sozialistische Vaterland erhoben haben, sofort die Waffen niederzulegen. Wer sich widersetzt, ist zu entwaffnen und den Sowjetbehörden zu übergeben. Die verhafteten Kommissare und die anderen Regierungsvertreter sind sofort freizulassen. Nur diejenigen, die sich bedingungslos ergeben, können auf die Gnade der Sowjetrepublik rechnen.
Gleichzeitig ordne ich an, die Niederwerfung der Meuterei und den Schaden, der dabei die friedliche Bevölkerung treffen mag, tragen allein die weißgardistischen Meuterer.
Dies ist die letzte Warnung.
Gezeichnet: Trotzki, Vorsitzender des Revolutionären Militärsowjets;

Kamenjew, Oberkommandierender.

Diesem Ultimatum folgte ein Befehl Trotzkis, der die historisch gewordene Drohung enthielt: »Wie Rebhühner werden wir euch abknallen.«
Eine damals in Petrograd befindliche Gruppe von Anarchisten, die noch in Freiheit waren, machte einen letzten Versuch, die Bolschewiki zu veranlassen, auf einen Angriff auf Kronstadt zu verzichten. Sie hielten es für ihre revolutionäre Pflicht, nichts unversucht zu lassen, um das bevorstehende Massaker an der ›Blüte Rußlands‹, den Matrosen und Arbeitern von Kronstadt, möglicherweise zu verhindern. Am 5. März schickten sie eine Protestnote an das Verteidigungskomitee, in der die friedlichen Absichten und die gerechten Forderungen der Kronstädter hervorgehoben und die Kommunisten an die heldenhafte revolutionäre Vergangenheit der Matrosen erinnert werden; sie enthielt gleichzeitig einen Vorschlag zur Lösung des Konflikts, der unter Genossen und Revolutionären angemessen war.

Das Dokument hat folgenden Wortlaut:*

An den Petrograder Sowjet für Arbeit und Verteidigung. An den Vorsitzenden Sinowjew.

Jetzt zu schweigen ist unmöglich, ja verbrecherisch. Die jüngsten Ereignisse zwingen uns Anarchisten zum Reden und zur Erklärung unserer Haltung in der gegenwärtigen Lage.

Es gärt unter den Arbeitern und Matrosen. Die Gründe hierfür verdienen eine ernsthafte Prüfung. Die Arbeiter sind unzufrieden. Sie leiden unter Hunger und Kälte. Gelegenheit zur Diskussion und zur Kritik wird ihnen nicht gegeben. Deshalb gehen sie auf die Straße.

Weißgardistische Banden werden versuchen, diese Unruhe für ihre eigenen Klasseninteressen auszunutzen. Hinter dem Rücken der Arbeiter und Matrosen geben sie Parolen mit der Forderung nach einer Konstituierenden Versammlung, nach Handelsfreiheit usw. aus.

Wir Anarchisten haben von jeher gesagt, daß diese Parolen Schwindel sind, und wir erklären vor aller Welt, daß wir jedem konterrevolutionären Putsch, zusammen mit allen Freunden der

---

* Den Leser mag es vielleicht verwundern, daß 1921 in Petrograd noch Anarchisten auf freiem Fuße standen: die Erklärung hierfür ist einfach: Die Unterzeichner des Papiers wurden von den Bolschewiki für ungefährlich gehalten: Alexander Berkman und Emma Goldman kämpften nicht in Rußland, Perkus und Petrowski waren sogenannte »Sowjet-Anarchisten«. (pro-bolschewistisch). Berkman und Goldman wurden später trotzdem aus Rußland ausgewiesen: das Schicksal von Perkus und Petrowski ist uns nicht bekannt. Im übrigen verschwanden die letzten Spuren des Anarchismus um das Jahr 1921.

Was das Dokument selbst betrifft, so wird der Leser bemerken, daß es - notgedrungen in versöhnlichem, verschwommenem, ja teilweise zweideutigem Ton abgefaßt ist. Seine Autoren nährten die naive und vorgebliche Hoffnung, sie könnten die Bolschewiki zur Vernunft bringen, indem sie an ihre »Genossenpflicht« appellierten. Die Bolschewiki waren aber gar keine Genossen, und es war ihnen klar, daß schon das geringste Nachgeben in ihrem Konflikt mit Kronstadt eine allgemeine Bewegung gegen ihre Diktatur auslösen würde. Für die Bolschewiki ging es um Leben oder Tod.

Sozialen Revolution und Seite an Seite mit den Bolschewiki, mit der Waffe in der Hand entgegentreten.
Was den Konflikt zwischen den Arbeitern und Matrosen und der Sowjetmacht angeht, so sind wir der Ansicht, daß er nicht mit Waffengewalt, sondern nur durch Verhandlungen zwischen Genossen beigelegt werden kann. Wenn die Sowjetregierung zum Blutvergießen schreitet, wird sich - in der gegebenen Situation - die Arbeiterklasse dadurch weder einschüchtern noch beruhigen lassen. Ein solcher Schritt kann die Lage nur verschärfen. Er käme nach außen hin der Entente und nach innen hin der Konterrevolution zugute.
Und was noch wichtiger ist, die Gewaltanwendung der Regierung gegen die Arbeiter und Matrosen wird die ganze internationale revolutionäre Bewegung demoralisieren und wird ihr ungeheuren Schaden zufügen. Genossen Bolschewiki, überlegt es euch gut, ehe es zu spät ist! Ihr spielt mit dem Feuer. Ihr seid im Begriff, einen Schritt zu tun, der nicht wiedergutzumachen ist.
Wir unterbreiten euch hiermit folgenden Vorschlag: Es soll eine Kommission gewählt werden, die aus fünf Personen, darunter zwei Anarchisten, besteht. Diese Kommission soll nach Kronstadt gehen, um den Konflikt auf friedlichem Wege zu lösen. Unter den gegebenen Umständen ist dies die beste Methode. Sie wird für die ganze internationale revolutionäre Bewegung von großer Tragweite sein.

Gezeichnet: Berkman, Goldman, Perkus, Petrowski

»Sinowjew«, berichtet Berkman, »dem mitgeteilt wurde, daß ein Schriftstück in Zusammenhang mit dem Kronstädter Problem dem Verteidigungssowjet vorgelegt werden sollte, schickte seinen persönlichen Vertreter, um es zu holen. Ob der Brief von dieser Körperschaft diskutiert wurde, ist dem Verfasser unbekannt. Auf jeden Fall geschah in der Sache nichts.«*

Am 6. März hatte Trotzki die Vorbereitungen zum Angriff auf Kronstadt abgeschlossen. Die zuverlässigsten Divisionen waren von den Fronten abgezogen worden, ›Kursanti‹-

* A. Berkman, ebd., S. 24 (Anm. d. Übers.)

Regimenter, Tscheka-Abteilungen und militärische Einheiten, die ausschließlich aus Kommunisten bestanden, waren jetzt in den Forts Sestroretsk, Lissy Nos und Krasnaja Gorka sowie in den befestigten Punkten der Umgebung konzentriert. Die besten Militärspezialisten wurden herbeigeschafft, um Pläne für die Blockade und den Angriff auf Kronstadt auszuarbeiten. Tuchatschewski wurde zum Oberkommandierenden der gegen Kronstadt eingesetzten Truppen ernannt.

Am 7. März um 6 Uhr 45 abends eröffneten die Batterien von Sestroretsk und Lissy Nos das Feuer auf Kronstadt
Eine Flut von Granaten. Bomben und arroganten Proklamationen ging von Flugzeugen aus auf Kronstadt nieder. Der ›Krähenschwarm‹, der sich in Krasnaja Gorka eingenistet hatte - Trotzki, Tuchatschewski, Dybenko und andere, gaben wiederholt den Befehl, die belagerte Festung durch einen Überraschungsangriff im Sturm zu nehmen. Diese Versuche blieben erfolglos. Die wütendsten Attacken wurden von den wachsamen Verteidigern zurückgeschlagen. Die Bombardie-

Die Batterien der Roten Armee bombardieren die freie Kommune

rung rief keinerlei Panik in der Stadt hervor, im Gegenteil, sie steigerte nur noch die Wut der Bevölkerung und stärkte ihren Willen, bis zum Ende auszuhalten.

Die Nr. 6 der Iswestija (8. März) geht zum ersten Mal auf die neue Lage ein. Sie trägt als Überschrift folgende Schlagzeile:

Trotzkis erster Schuß – Das Notsignal der Kommunisten

Um 18.45 Uhr eröffneten die kommunistischen Batterien von Sestroretsk und Lissy Nos als erste das Feuer auf die Kronstädter Forts. Die Forts nahmen die Herausforderung an und brachten die Batterien zum Schweigen.
Darauf Eröffnete das Fort Krasnaja Gorka das Feuer, das vom Linienschiff Sewastopol gehörig beantwortet wurde.
Vereinzeltes Artilleriefeuer schloß sich an.
Auf unserer Seite wurden zwei Rotarmisten verwundet und ins Hospital gebracht. Sachschäden wurden nicht angerichtet.

Kronstadt, 7. März 1921

Diesem Kommuniqué folgte ein kurzer Kommentar:

Der erste Schuß ist gefallen

Sie haben mit der Beschießung Kronstadts begonnen. Nun, wir sind bereit. Messen wir unsere Kräfte!
Sie haben es eilig. Und das ist kein Wunder: Denn allen Lügen der Kommunisten zum Trotz begreifen Rußlands Werktätige, was für ein großes Werk die Befreiung von der dreijährigen Knechtschaft ist, das jetzt in Kronstadt begonnen wurde.
Die Henker sind beunruhigt. Sowjetrußland, das Opfer ihrer frechen Greueltaten, entschlüpft ihrer Folterkammer, und mit ihm entgleitet ihren Verbrecherhänden endgültig die Gewalt über das werktätige Volk. Die kommunistische Regierung gibt das Notsignal. Die Existenz eines Freien Kronstadt, die nun schon eine Woche währt, ist der Beweis für ihre Ohnmacht.
Noch einen Augenblick, und die gebührende Antwort unserer ruhmreichen revolutionären Schiffe und Forts wird das Schiff der sowjetischen Piraten in Grund bohren, die den Kampf mit dem revolutionären Kronstadt aufnehmen müssen, weil es die Losung »Alle Macht den Sowjets und nicht den Parteien!« auf sein Banner geschrieben hat.

Dann folgt der Aufruf:

Die ganze Welt soll es wissen

Das Provisorische Revolutionskomitee hat heute eine Radiobotschaft folgenden Inhalts ausgestrahlt:
An alle... An alle... An alle...
Der erste Kanonenschuß ist also gefallen... Bis zu den Knien im Blut der Arbeiter stehend, hat der Feldmarschall Trotzki als erster das Feuer auf das revolutionäre Kronstadt eröffnet, weil es sich gegen die Herrschaft der Kommunisten erhoben hat, um die wirkliche Macht der Sowjets wieder aufzurichten.
Ohne auch nur einen einzigen Blutstropfen zu vergießen haben wir Rotarmisten, Matrosen und Arbeiter Kronstadts die Herrschaft der Kommunisten gestürzt und sogar ihr Leben geschont. Unter dem Drohen der Geschütze wollen sie uns erneut unter ihre Herrschaft zwingen.
Da wir kein Blutvergießen wollen, haben wir vorgeschlagen, parteilose Delegierte des Petrograder Proletariats zu uns zu entsenden, damit sie sich davon überzeugen können, daß in Kronstadt für die Macht der Sowjets gekämpft wird. Aber die Kommunisten haben dies den Arbeitern Petrograds verheimlicht und das Feuer eröffnet - die übliche Antwort der Pseudo-Arbeiter- und Bauernregierung auf die Forderungen des werktätigen Volkes.

Die Zerstörungen in Kronstadt

Die Arbeiter der ganzen Welt sollen wissen, daß wir, die Verteidiger der Macht der Sowjets, über die Errungenschaften der Sozialen Revolution wachen.
Wir werden siegen oder im Kampf für die gerechte Sache des werktätigen Volkes untergehen auf den Trümmern von Kronstadt. Die Werktätigen der ganzen Welt werden unsere Richter sein. Das Blut der Unschuldigen aber wird auf die Häupter machttrunkener und grausamer kommunistischer Fanatiker fallen.
Es lebe die Macht der Sowjets!

Das Provisorische Revolutionskomitee

Schmerzliche Einzelheit: Der 7. März war in Sowjetrußland der Tag der Arbeiterin. Das belagerte und angegriffene Kronstadt vergaß den großen Feiertag nicht. Unter dem Feuer zahlreicher Batterien schickten die Matrosen eine Funkbotschaft mit Grüßen an die arbeitenden Frauen der Welt in den Äther:

Das befreite Kronstadt an die Arbeiterinnen der Welt

Heute ist ein Weltfeiertag - der Tag der Arbeiterin. Inmitten des Kanonendonners, inmitten explodierender Granaten, die die Feinde des werktätigen Volkes, die Kommunisten, gegen uns schleudern, entbieten wir Kronstädter euch, Arbeiterinnen der Welt, unseren brüderlichen Gruß, aus dem freien, revolutionären Roten Kronstadt.
Wir wünschen euch, daß ihr bald die Befreiung von jeder Unterdrückung und Gewalt erringen möget. Es leben die freien, revolutionären Arbeiterinnen! Es lebe die Soziale Weltrevolution!

Das Provisorische Revolutionskomitee

Schließlich stand in dieser Nummer (6 vom 8. März) folgende Notiz:

Kronstadt ist ruhig

Gestern, am 7. März, eröffneten die Feinde der Werktätigen, die Kommunisten, das Feuer auf Kronstadt. Die Bevölkerung begegnete der Beschießung tapfer. Die Arbeiter eilten einträchtig zu den Waffen. Es wurde ganz klar, daß die werktätige Bevölkerung Kronstadts und das von ihr gewählte Provisorische Revolutionskomitee die gleichen Anliegen und die gleichen Ziele haben.

Trotz der Eröffnung der Kampfhandlungen hielt es das Provisorische Revolutionskomitee nicht einmal für nötig, den Belagerungszustand auszurufen. Wen hat es denn zu fürchten?! Doch nicht seine Rotarmisten, Matrosen, Arbeiter und seine schaffende Intelligenz!

Anders in Petrograd. Dort darf man wegen des erklärten Ausnahmezustands nur bis 19 Uhr außerhalb des Hauses sein. Freilich, die Unterdrücker müssen ihre werktätige Bevölkerung fürchten.

Die ersten Angriffe auf Kronstadt erfolgten gleichzeitig von Norden und von Süden durch kommunistische Elitetruppen, die mit weißen Tarnanzügen - das Eis des Finnischen Meerbusens war vollkommen schneebedeckt - ausgerüstet waren.

Diese ersten Angriffswellen auf die Festung waren entsetzlich und kosteten ungeheure Mengen an Menschenleben. Mit tiefer Anteilnahme beklagten die Matrosen diese sinnlosen Opfer in einer Adresse an ihre betrogenen Waffenbrüder, die glaubten, in Kronstadt herrsche die Konterrevolution.

Am 10. März brachte die Nummer 8 der ISWESTIJA folgende Erklärung:

An die Rotarmisten, die auf seiten der Kommunisten kämpfen

Wir wollen das Blut unserer Brüder nicht vergießen und feuerten keinen Schuß ab, bis wir dazu gezwungen waren. Wir mußten die gerechte Sache des Volkes verteidigen und schießen - auf unsere Brüder, die von Kommunisten, die auf Kosten des Volkes fett geworden sind, in den sicheren Tod getrieben wurden.

Zu eurem Unglück erhob sich ein schrecklicher Schneesturm, und finstere Nacht hüllte alles in Dunkel. Trotzdem trieben euch die kommunistischen Henker über das Eis und von hinten bedrohten euch die Maschinengewehre der kommunistischen Nachhut.

Viele von euch kamen um in dieser Nacht auf der riesigen Eisfläche des Finnischen Golfes. Und als der Morgen anbrach und der Sturm sich legte, da kamen die erbarmungslosen Reste eurer Abteilungen erschöpft und hungrig, kaum fähig sich zu bewegen zu uns, in ihre weißen Leichentücher gekleidet.

Am frühen Morgen waren es schon etwa tausend von euch und später am Tage eine endlose Zahl. Ihr habt mit eurem Blut dieses Abenteuer teuer bezahlt, und nach eurer Niederlage eilte Trotzki nach Petrograd zurück, um neue Märtyrer zur Schlachtbank zu hetzen; er bekommt sie ja billig, unsere Arbeiter und Bauern!

Kronstadt war fest davon überzeugt, daß das Petrograder Proletariat ihm zu Hilfe kommen würde. Aber die Arbeiter dort waren in die Zange genommen und Kronstadt war so wirksam blockiert und von der Außenwelt abgeschnitten, daß es von nirgendwoher Hilfe erwarten konnte.

Die Kronstädter Garnison bestand aus weniger als 14.000 Mann, davon 10.000 Matrosen. Diese Garnison hatte eine weit ausgedehnte Front zu verteidigen, viele über das große Terrain des Meerbusens verstreute Forts und Batterien. Die pausenlosen Angriffe der Bolschewiki, die ständig neue Truppen zugeführt bekamen, der Lebensmittelmangel in der belagerten Stadt, die langen, schlaflosen Nächte auf Wache in der Kälte, all das zehrte an der Lebenskraft von Kronstadt. Doch die Matrosen hielten heldenmütig aus und bewahrten bis zuletzt das Vertrauen, daß ihr großes Beispiel der Befreiung im ganzen Lande Nachahmer finden würde.

Der Kampf war allzu ungleich.

Und doch liefen die bolschewistischen Soldaten zu Tausenden über; andere ertranken zu Hunderten unter dem Eis, das infolge des einsetzenden Tauwetters brüchig und durch Granateinschlag aufgerissen wurde. Doch diese Verluste minderten die Wucht der Angriffe in keiner Weise; ständig traf neue und frische Verstärkung ein.

Aber was konnte Kronstadt allein gegen die steigende Flut ausrichten? Es unternahm alle Anstrengungen, sich zu halten. Hartnäckig hielten sie an dem Glauben an eine unmittelbar bevorstehende allgemeine Erhebung der Petrograder und Moskauer Arbeiter und Rotarmisten fest, eine Erhebung, die das Signal zur Dritten Revolution geben sollte. Und es schlug sich heldenhaft, Tag und Nacht, an einer Front, die sich immer enger um die Stadt zusammenschnürte.

Aber Aufstand und Hilfe bleiben aus; täglich wurde der Widerstand der Kronstädter schwächer und die Angreifer gewannen Meter um Meter. Kronstadt war ja auch nicht für

einen Angriff von rückwärts angelegt. Das von den Bolschewiki verbreitete Gerücht, daß die Matrosen Petrograd zu bombardieren beabsichtigten, war eine üble Verleumdung. Die berühmte Festung war einzig zu dem Zweck gebaut worden, die Hauptstadt von der Seeseite zu schützen, ferner waren für den Fall, daß ein äußerer Feind sich der Festung bemächtigen würde, die Küstenbatterien und Forts von Krasnaja Gorka auf einen Kampf gegen Kronstadt und nicht gegen Petrograd berechnet. In Voraussicht einer solchen Möglichkeit war die Petrograd zugewandte Rückseite Kronstadts absichtlich nicht befestigt worden. Und von dieser Seite wurde der bolschewistische Angriff geführt.
Und auf diesen Punkt konzentrierten die Bolschewiki fast jede Nacht lhr Feuer.
Den ganzen 10. März feuerte die kommunistische Artillerie pausenlos auf die ganze Süd- und Nordküste der Insel.
In der Nacht vom 12. zum 13. griffen die Kommunisten von Süden her an, wobei sie sich wieder der ›Leichentücher‹ bedienten. (»Am 11. März behinderte dichter Nebel das Schießen«, teilt der Operationsbericht in den ISWESTIJA mit.) Auch bei diesem Angriff wurden Hunderte von ›Kursanti‹ geopfert.
In den folgenden Tagen wurde der Kampf immer ungleicher. Die tapferen Verteidiger waren durch Schlaflosigkeit und Entbehrungen erschöpft. Der Kampf hatte bereits die unmittelbare Umgebung der Stadt erreicht. Die täglich veröffentlichten Operationsberichte des Provisorischen Revolutionskomitees zeigten, daß die Lage immer kritischer wurde. Die Zahl der Opfer stieg rasch an.
Am 16. März gingen die Bolschewiki nach vorangegangenem schweren Artilleriefeuer zu einem konzentrierten Angriff über. Die Entscheidung mußte fallen, koste es was es wolle. Jeder weitere Tag Widerstand, jeder weitere Kanonenschuß aus Kronstadt bedeutete für die Kommunisten eine Gefahr und konnte jeden Moment Millionen von Menschen zum

Aufstand gegen sie bringen. Die Bolschewiki blieben allein. Trotzki mußte schon chinesische und baschkirische Einheiten heranführen. Kronstadt mußte um jeden Preis und ohne Zeitverlust vernichtet werden, sonst vernichtete Kronstadt die Macht der Bolschewiki.
Seit den frühen Morgenstunden ging ein Geschoßhagel aus den Batterien von Krasnaja Gorka auf Kronstadt nieder, Granaten setzten Häuser in Brand und zerstörten Gebäude. Aus Flugzeugen wurden Bomben abgeworfen, eine traf das Hospital trotz des gut sichtbaren Roten Kreuzes.
Dem wütenden Bombardement folgte ein Generalangriff von Norden, Süden und Osten.
»Der Schlachtplan«, erklärte der später zum Diktator von Kronstadt ernannte frühere bolschewistische Kommissar für die Flotte, Dybenko, »wurde bis in die kleinsten Einzelheiten entsprechend den Weisungen des Oberkommandierenden Tuchatschewski im Feldstab der Südgruppe ausgearbeitet.«
Der Angriff begann bei Einbruch der Dunkelheit. »Die weißen Gewänder und die Kampfkraft der Kursanti«, schrieb Dybenko, »erlaubten es uns, in Kolonnen vorzugehen.«
Trotzdem wurde an manchen Stellen nach erbittertem Maschinengewehrfeuer der Feind zurückgeworfen.
Inmitten des Geschützdonners unter den Mauern der Stadt manövrierten die Matrosen mit großem Geschick, stürzten zu den bedrohtesten Punkten, gaben Befehle aus, erließen Aufrufe. Verbissen und mit ungeheurer Bravour schlugen sich die Verteidiger. Niemand dachte an Gefahr und Tod. »Genossen«, konnte man hören, »Genossen, bewaffnet schnell die letzten Arbeiterabteilungen! Jeder, der eine Waffe tragen kann, wird gebraucht!« Und die letzten Abteilungen wurden aufgestellt, bewaffnet und eilten heran, um sofort in den Kampf zu stürzen.
Die Frauen von Kronstadt bewiesen ungeheuren Mut und Tatkraft; mit Todesverachtung schafften sie, weit entfernt

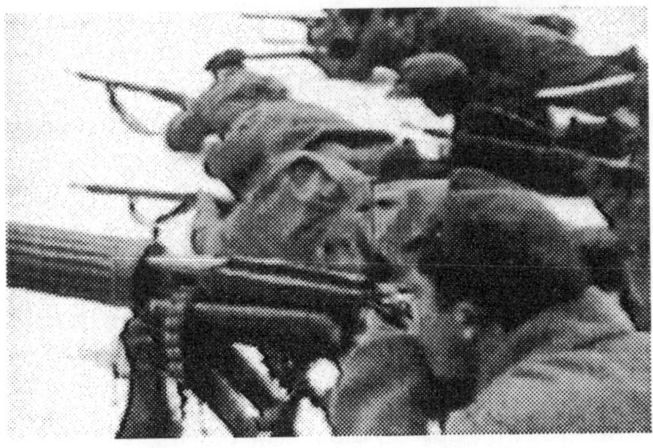

Der Sturm über das Eis

von der Stadt, Munition heran, sammelten die Verwundeten beider Lager auf, brachten sie unter schwerem Feuer ins Hospital und leisteten erste Hilfe.

Gegen Abend des 16. März war die Schlacht noch immer unentschieden. Doch eilten berittene Milizsoldaten durch die Straßen und forderten die Nicht-Kämpfenden auf, sich in Sicherheit zu begeben.

Eine Reihe von Forts waren gefallen.

Im Laufe der Nacht gelang es den auf freiem Fuß gelassenen Kommunisten, den Angreifern den schwächsten Punkt von Kronstadt zu zeigen: das Petrograder Tor.

Am 17. März gegen 7 Uhr früh drangen hier die Bolschewiki ein und drangen kämpfend bis zu dem berühmten Ankerplatz vor.

Die Matrosen aber glaubten sich noch nicht besiegt: sie setzten den Kampf fort und verteidigten jedes Viertel, jede Straße, jedes Haus. Nur unter großen Verlusten konnten die Roten Soldaten an einigen Punkten festen Fuß fassen. Die Mitglieder des Revolutionskomitees begaben sich von einem gefährdeten Punkt zum anderen und leiteten den Kampf. In der Druckerei wurde noch die Nummer 15 der ISWESTIJA gesetzt, die nicht mehr erscheinen sollte.

An diesem 17. März fanden den ganzen Tag Straßenkämpfe statt. Den Matrosen war klar, daß sie nicht mit Gnade rechnen konnten; sie starben lieber im offenen Kampf als sich in den Kellern der Tscheka ermorden zu lassen. Es war ein brutales Massaker, eine wahre Schlächterei. Die von den Matrosen geschonten örtlichen Kommunisten verrieten jetzt die Matrosen, bewaffneten sich und griffen sie in ihrem Rücken an. Die von den in Kronstadt eindringenden Tschekisten aus dem Gefängnis befreiten Kusmin und Wassiljew beteiligten sich auch an der Liquidierung der ›Meuterei‹.

Aber noch bis spät in die Nacht des 18. März hinein leisteten die Aufständischen verzweifelten Widerstand, dauerte die erbarmungslose Schlacht an. Die Stadt, in der während der 15 Tage des Aufstandes keinem einzigen Kommunisten ein Haar gekrümmt wurde, wurde jetzt zum Schauplatz von Erschießungen, Lynchjustiz und Massenmorden.

Einige Abteilungen konnten dem Gemetzel entkommen und flüchteten nach Finnland. Andere kämpften bis zum letzten Mann.

Noch am Morgen des 18. März wurde in einigen Stadtteilen gekämpft - oder vielmehr Jagd auf die Rebellen gemacht.

Die folgenden beiden Vorhaben der Revolutionäre blieben unausgeführt:

Zum einen hatten die Matrosen beschlossen, in letzter Minute die beiden großen Linienschiffe, die als erste das Banner der Dritten Revolution gehißt hatten, die Petropawlowsk und die Sewastopol, in die Luft zu sprengen. Dieser Plan gelangte jedoch nicht zur Ausführung, da sich herausstellte, daß die elektrischen Zündleitungen durchschnitten waren.

Zum anderen hatte praktisch die gesamte Kronstädter Bevölkerung die Entscheidung getroffen, die Stadt zu verlassen und sie den Bolschewiki »wüst und leer« zu hinterlassen. Der totale Mangel an Transportmitteln verhinderte auch dieses Vorhaben.

Dybenko, der zum Kommissar von Kronstadt ernannt wurde, erhielt alle Vollmachten, »die rebellische Stadt zu säubern«. Eine Racheorgie folgte, der zahllose Menschen zum Opfer fielen; Massenerschießungen durch die Tscheka waren in den Tagen nach dem Fall der Festung an der Tagesordnung.

Am 18. März feierten die bolschewistische Regierung und die Kommunistische Partei öffentlich die Erinnerung an die Pariser Kommune von 1871, die von Gallifet und Thiers im Blut der französischen Arbeiter ertränkt worden war. Zur gleichen Zeit feierten sie den Sieg über Kronstadt. Der Beiname Trotzkis: »Der Gallifet von Kronstadt« wird in die Geschichte eingehen.

In den folgenden Wochen füllten sich die Petrograder Gefängnisse mit Hunderten von Kronstädter Gefangenen. Jede Nacht wurden kleine Gruppen auf Befehl der Tscheka abgeführt und erschossen. Unter den Erschossenen war auch Perepelkin, Mitglied des Provisorischen Revolutionskomitees von Kronstadt. Werschinin, ein anderes Mitglied des Komitees, wurde auf verräterische Weise von den Bolschewiki schon zu Beginn des Aufstandes ergriffen. Die ISWESTIJA Nummer 7 vom 9. März berichtet über den Vorfall unter der Überschrift: »Mißbrauch der weißen Flagge«:

> Gestern, am 8. März, verließen Rotarmisten mit einer weißen Flagge Oranienbaum in Richtung Kronstadt. Als wir Parlamentäre kommen sahen, eilten ihnen zwei unserer Genossen zu Pferd entgegen, nachdem sie zuvor ihre Waffen abgelegt hatten. Der eine von ihnen ritt dicht an die Gruppe der Feinde heran, während der andere in einiger Entfernung stehenblieb. Kaum hatte unser Parlamentär einige Worte gesagt, als sich die Kommunisten auf ihn stürzten, ihn vom Pferd rissen und abführten. Dem anderen Genossen gelang die Flucht zurück nach Kronstadt.

Der auf diese Weise verschleppte Parlamentär war Werschinin. Natürlich hat man nie mehr etwas von ihm gehört.

In den Gefängnissen und Konzentrationslagern des eisigen Distrikts Archangelsk, in den riesigen Wüsten Turkestans, siechten die Männer von Kronstadt, die sich gegen den bolschewistischen Absolutismus im Namen der »wahren und freien Sowjets« erhoben hatten, jahrelang dahin und starben eines langsamen Todes. Heute ist wohl keiner von ihnen mehr am Leben.

Einige Zeit nach der Rebellion kündigte die bolschewistische Regierung eine Generalamnestie an für alle Aufständischen, die der Verfolgung entkommen waren und sich ins Ausland retten oder sich im Innern des Landes verbergen konnten und sich jetzt sofort den Behörden stellten.

Alle diejenigen, die so naiv waren, an diese ›Amnestie‹ zu glauben und sich tatsächlich stellten, wurden auf der Stelle verhaftet und teilten fortan das Schicksal ihrer Waffenbrüder. Dieser heimtückische Hinterhalt stellt eine der infamsten Seiten der wahren Geschichte des Bolschewismus dar.

Kronstadt nach dem Einmarsch der Roten Armee

KAPITEL VI
Die Lehren von Kronstadt

Lenin hat von der Kronstädter Bewegung nichts begriffen - oder wollte vielmehr nichts begreifen.
Für ihn und für seine Partei ging es einzig und allein darum, die Macht zu behaupten, koste es was es wolle.
Der Sieg über die Rebellen sicherte sie ihnen noch einmal. Aber Lenin bekam schon Angst, vor allem vor der Zukunft. Der Donner der Geschütze von Kronstadt zwang die Partei - gestand Lenin - zu »tiefem Nachdenken« und zur Revision ihrer politischen Linie.
Aber fand eine Revision im Sinne der durch die Arbeiterunruhen und durch die Revolution klar zum Ausdruck gekommenen Forderungen statt? Nein.
Der eigentliche Sinn der Kronstädter Ereignisse ist folgender: die Partei zu zwingen, das Prinzip der Diktatur zu revidieren; die arbeitende Bevölkerung braucht die Freiheit der Diskussion und Aktion; das Land muß freie Sowjet-Wahlen haben.
Die Bolschewiki waren sich völlig darüber im klaren, daß die geringste Konzession in dieser Richtung ihrer Macht einen entscheidenden Schlag versetzt hätte. Es drehte sich also für sie vor allem darum, diese Macht in vollem Umfang zu bewahren.
Als autoritäre und staatsgläubige Marxisten konnten die Bolschewiki keine Freiheit der Massen zulassen, keine Unabhängigkeit ihrer Aktion Sie hatten überhaupt kein Vertrauen in die freien Massen. Sie waren überzeugt, daß der Sturz ihrer Diktatur das Ende des ganzen begonnenen Werkes, die Gefährdung der Revolution überhaupt bedeuten würde, der Revolution, mit der sie ihre Diktatur verwechselten. Und umgekehrt: sie waren überzeugt, daß sie sich unter Wahrung ihrer Diktatur - der ›Kommandohöhen‹ - einen ›strategischen Rückzug‹, einen momentanen Verzicht auf ihre gesamte öko-

nomische Politik, leisten könnten, ohne dadurch die Ziele der Revolution aufs Spiel zu setzen.

Schlimmstenfalls, sagten sie sich, wird die Realisierung dieser Ziele verzögert.

Ihre ›Überlegungen‹ richteten sich also nur auf die Frage: »Was müssen wir tun, um unsere Herrschaft aufrechtzuerhalten?«

Ihre Lösung war: vorläufiges Nachgeben auf ökonomischem Gebiet; Konzessionen in allen Bereichen, außer in der ›Machtfrage‹. Alles was sie ›verstanden‹, war das, daß man dem Volk einen Knochen hinwerfen mußte, um es zu besänftigen; ein paar, wenn auch nur scheinbare, Zugeständnisse - das genügte.

Die Dosierung der Zugeständnisse, die Festsetzung der Grenzen des Rückzugs, das war die zweite Aufgabe.

Schließlich wurde ›die Liste‹ der Zugeständnisse festgelegt, und - grausame Ironie der Geschichte - Lenin und seine Partei stellten genau das ökonomische ›Programm‹ auf, das sie fälschlicherweise den Kronstädtern zuschrieben und wegen dem, diese angeblich bekämpft wurden und soviel Blut vergossen wurde.

Lenin proklamierte die berühmte ›Neue Ökonomische Politik‹: die NEP.

Der Bevölkerung wurde eine gewisse ›ökonomische Freiheit‹ gewährt. wobei insbesondere der freie Privathandel und die Privatindustrie in gewissem Umfang zugelassen wurden.

So wurde der wirkliche Sinn der von den Kronstädter Aufständischen geforderten ›Freiheit‹ völlig entstellt. An Stelle einer freien und schöpferischen Aktivität der werktätigen Massen, die einen Schritt auf dem Weg zu ihrer völligen Befreiung (wie sie Kronstadt forderte) bedeutet hätte, gewährte man die ›Freiheit‹ einiger weniger, Handel zu treiben, ›Geschäfte‹ zu machen, sich zu bereichern. Und bald tauchte auch der entsprechende Typus des sowjetischen Neureichen auf: der ›Nepmann‹. Die russischen und ausländischen Kommunisten haben die NEP als ›strategischen Rückzug‹ betrachtet und interpretiert, der der unverzichtbaren Parteidiktatur die nötige ›Atempause‹ verschaffte, um die einmal errungenen Positionen zu festigen, die durch die März-Ereignisse ins Wanken geraten waren, als eine Art ›ökonomische Atempause‹, ähnlich der ›militarischen Atempause‹ zur Zeit von Brest-Litowsk.

In der Tat war die NEP nichts anderes als ein ›Halt‹; nicht jedoch, um anschließend besser vorwärtszukommen, sondern im Gegenteil, um besser zum Ausgangspunkt zurückkehren zu können, zur gleichen rigiden Parteidiktatur, zum gleichen schrankenlosen Etatismus, zur gleichen Beherrschung und Ausbeutung der werktätigen Massen durch den neuen kapitalistischen Staat.

Man tat einen Schritt zurück, um umso sicherer den Weg zum totalitären kapitalistischen Staat aufnehmen zu können, mit umso größerer Garantie gegen die Gefahr einer möglichen Wiederholung von Kronstadt.

Während dieser Atempause errichtete dieser entstehende kapitalistische Staat gegen ein ›neues Kronstadt‹ seine ›Maginot-Linie‹. Er benutzte die Jahre der NEP zur Verstärkung seiner materiellen und militärischen Kräfte, zum stillschweigenden Ausbau seines politischen, administrativen, bürokratischen, neobourgeoisen Apparates; am Ende dieser Periode fühlte er sich endgültig stark genug, um alles mit seiner ›eisernen Faust‹ zu umschließen und das ganze Land in eine einzige Kaserne, ein einziges Zuchthaus zu verwandeln.

Wenn man von einem strategischen Rückzug sprechen will, dann nur in diesem Sinne. Bald darauf nach Lenins Tod (1924) und - nach etlichen internen Parteikämpfen - nach dem Aufstieg Stalins, wurde die NEP abgeschafft, die ›Nepleute‹ verhaftet, deportiert oder erschossen, ihr Hab und Gut wurde beschlagnahmt, und der Staat, der sich inzwischen vollkommen bewaffnet, gepanzert, verbürokratisiert, verkapitalisiert und sich die Unterstützung durch den ›Apparat‹ und eine starke privilegierte und träge Schicht gesichert hatte, errichtete entschlossen und endgültig seine allmächtige Diktatur.

Es ist offensichtlich, daß all diese Vorgänge nicht mehr das mindeste mit der Sozialen Revolution, mit den Bestrebungen der arbeitenden Massen oder mit ihrer tatsächlichen Befreiung zu tun hatten.

Die bolschewistische Regierung beschränkte sich nicht auf die NEP im Innern. Es ist eine weitere Ironie der Geschichte, daß im selben Moment, wo die Bolschewiki die Kronstädter als »Handlanger der Entente« bezeichneten und sie beschuldigten, »mit den Kapitalisten zu paktieren«, sie selbst genau dieses Geschäft schlossen.

Entsprechend den Direktiven Lenins schlugen sie den Weg der Konzessionen an die ausländischen Kapitalisten und der Abkommen mit diesen ein. Noch wurde in Kronstadt erschossen, noch waren die zahllosen Leichen nicht vom Eis der Finnischen Bucht aufgelesen, da schloß die ›Sowjet‹-Macht bereits mehrere umfangreiche Verträge mit Kapitalisten verschiedener Länder, Verträge, die den Wünschen der Hochfinanz, der Großkapitalisten der Entente und den polnischen Imperialisten entgegenkamen.

Sie unterzeichnete den englisch-russischen Handelsvertrag, der das Land dem englischen Kapital öffnete. In diesen Tagen unterzeichneten die Bolschewiki auch den Frieden von Riga, der eine 12-Millionen Bevölkerung dem reaktionären Polen überließ. Durch verschiedene Abkommen halfen sie dem jungen türkischen Imperialismus, die revolutionäre Bewegung im Kaukasus abzuwürgen. Sie traten in Geschäftsverbindungen mit den Bourgeoisien aller Länder: von dieser Seite suchten sie ihre Unterstützung.

Wir haben an anderer Stelle* gesagt: »Wenn sie (die kommunistischen Machthaber) also die Revolution erdrosseln, so bleibt (ihnen) nichts anderes übrig, als sich immer offener und entschlossener die Hilfe und Unterstützung der reaktionären und bürgerlichen Kräfte zu sichern, die sich Vorteile ausrechnen, wenn sie in die Dienste der Staatsmacht treten und mit ihr paktieren. Da die Machthaber fühlen, daß sie den Boden unter den Füßen verlieren, daß sie sich immer mehr von den Massen lösen, ihre letzten Verbindungen zur Revolution abbrechen und eine Privilegiertenkaste aus großen und kleinen Diktatoren, Dienern, Schmeichlern, Strebern, Parasiten aufbauen, die unfähig sind, wirklich revolutionär und positiv zu arbeiten, da sie die neuen Kräfte abgelehnt und zerschlagen haben, greifen sie, um ihre Basis zu verbreitern, auf die alten Kräfte zurück, deren Hilfe sie immer häufiger bevorzugen. Bei ihnen bemühen sie sich um Abkommen, und Bündnisse, mit ihnen wollen sie sich einigen. Sie treten ihre Stellungen ab, da sie keinen anderen Ausweg sehen, ihre Existenz abzusichern. Nachdem sie das Vertrauen der Massen verloren haben, suchen sie nach neuen Sympathien. Sie hoffen wohl darauf, die Reaktion eines Tages beiseite schieben zu können. Aber inzwischen geraten sie täglich tiefer in die Konterrevolution.«

Kronstadt fiel, der Staatssozialismus (-kapitalismus) triumphierte. Er triumphiert heute noch.
Aber die unerbittliche Logik der Ereignisse führt ihn unweigerlich in den Untergang.

---

* Siehe Band 1, S. 244 Punkt 9. [Hier ist der Band 1 von »Volin; Die unbekannte Revolution« gemeint. Jedoch findet man hier nichts auf S. 244, sondern auf S. 209. Hier geht es um den Verrat an der Revolution durch Bürokratisierung und persönliche Bereicherung etc. Anm. J.K.]

Sein Triumph trägt in sich den Keim seines schließlichen Zusammenbruchs. Er läßt den wahren Charakter der kommunistischen Diktatur immer deutlicher zutage treten. Die Kommunisten werden durch die Logik ihrer eigenen politischen Linie gezwungen, immer deutlicher zu zeigen, daß sie längst bereit sind, das Ziel aufzugeben, auf alle Prinzipien zu verzichten, mit jedem beliebigen Partner Abkommen zu schließen, einzig und allein, um ihre Herrschaft und ihre Privilegien aufrechtzuerhalten.

Kronstadt war der erste vollkommen unabhängige Versuch des Volkes, sich von jedem Joch zu befreien und die Soziale Revolution zu verwirklichen: Es war ein direkter, entschlossener und kühn durchgeführter Versuch der werktätigen Massen selbst, ohne ›politische Hüter‹, ohne ›Führer‹ oder Vormund.

Kronstadt war der erste Schritt zur Dritten, zur Sozialen Revolution.

Kronstadt fiel.

Aber es tat, was es tun mußte, und das ist das Entscheidende. In dem verwirrenden und finsteren Labyrinth der Wege, die sich den revolutionären Massen anbieten, ist Kronstadt ein strahlender Leuchtturm, der den richtigen Weg erhellt.

Dabei ist es unwichtig, daß die Aufständischen - unter den spezifischen Bedingungen - noch von einer Macht (der Sowjets) sprachen, anstatt den Begriff und die Vorstellung einer Macht für immer zu verbannen, anstatt von Koordination, Organisation und Administration zu sprechen. Dies war der letzte Tribut an die Vergangenheit. Wenn die uneingeschränkte Diskussions-, Organisations- und Handlungsfreiheit von den werktätigen Massen selbst endgültig errungen sein wird, wenn der wahre Weg der unabhängigen Aktivität des Volkes beschritten sein wird, dann folgt alles Übrige zwangsläufig, automatisch.

Es hat nicht viel zu sagen, daß der Nebel noch dicht ist und die Sicht auf den Leuchtturm und den Weg, den er erhellt, behindert! Das Licht ist einmal angezündet und wird nicht mehr erlöschen! Und der Tag ist vielleicht gar nicht mehr so fern, an dem Millionen von Menschen es leuchten sehen.

Der Leuchtturm von Kronstadt bleibt hell. Sein Licht wird immer strahlender. Und darauf kommt es an!

Anhang

Alexander Berkman

Lehren und Bedeutung von Kronstadt

Die Kronstädter Bewegung war spontan, unvorbereitet und friedlich. Daß ein bewaffneter Konflikt aus ihr wurde, der mit einer blutigen Tragödie endete, war einzig durch den tatarischen Despotismus der kommunistischen Diktatur verschuldet.

Obgleich Kronstadt den allgemeinen Charakter der Bolschewiken erkannte, hatte es noch immer den Glauben an die Möglichkeit einer freundschaftlichen Lösung. Es glaubte, daß die kommunistische Regierung der Vernunft zugänglich sei, es schrieb ihr ein gewisses Gefühl für Gerechtigkeit und Freiheit zugute.

Die Erfahrung von Kronstadt beweist von neuem, daß die Regierung, der Staat - welches immer sein Name oder seine Form seien - stets der Todfeind der Freiheit und Selbstbestimmung ist. Der Staat hat keine Seele, kein Prinzip. Er hat nur ein Ziel - sich der Macht zu versichern und sie um jeden Preis zu behalten. Dies ist die politische Lehre von Kronstadt. Es gibt eine andere Lehre, eine strategische, die jede Rebellion lehrt.

Der Erfolg einer Erhebung ist bedingt durch ihre Entschlossenheit, Energie und Aggressivität. Die Rebellen haben das Gefühl der Massen auf ihrer Seite. Dieses Gefühl schlägt schneller, wenn die Flut der Rebellion anschwillt. Man darf nicht erlauben, daß es sich legt und verblaßt und zur Farblosigkeit des täglichen Lebens zurückkehrt.

Andererseits hat jede Erhebung die mächtige Staatsmaschine gegen sich. Die Regierung ist in der Lage, die Quellen aller Zufuhr und die Verkehrsmittel in ihren Händen zu konzentrieren. Es darf ihr nicht die Zeit gegeben werden, von ihrer Macht Gebrauch zu machen. Eine Rebellion sollte kräftig sein und unerwartete und entschiedene Schläge führen. Sie darf nicht lokalisiert bleiben, denn dies bedeutet Stagnation. Sie muß sich ausbreiten und entwickeln. Eine Rebellion, die sich auf eine Lokalität beschränkt, eine abwartende Politik befolgt oder eine defensive Haltung einnimmt, ist unvermeidlich zur Niederlage verurteilt.

In dieser Beziehung besonders wiederholte Kronstadt die verhängnisvollen strategischen Fehler der Pariser Kommunarden [1871]. Diese befolgten den Rat jener nicht, welche einen sofortigen Angriff auf Versailles befürworteten, solange die Regierung von Thiers desorganisiert war. Sie trugen die Revolution nicht ins Land hinaus. Weder die Pariser Arbeiter von 1871, noch die Matrosen von Kronstadt suchten die Regierung abzuschaffen. Die Kommunarden wollten nur gewisse republikanische Freiheiten, und als die Regierung versuchte, sie zu entwaffnen, vertrieben sie die Minister von Thiers aus Paris, richteten ihre Freiheiten ein und befreiten sich zu ihrer Verteidigung vor - weiter nichts. So verlangte auch Kronstadt nur freie Wahlen zu den Sowjets. Nach der Verhaftung einiger Kommissäre bereiteten sich die Matrosen auf die Verteidigung gegen den Angriff vor. Kronstadt weigerte sich, den Rat der militärischen Sachverständigen zu befolgen und Oranienbaum sofort zu nehmen. Diese Stellung hatte den größten militärischen Wert, und es lagerten dort 50.000 Pud* Weizen, die Kronstadt gehörten. Eine Landung in Oranienbaum war ausführbar, da die Bolschewiken von dem Ausbruch überrascht worden waren und keine Zeit gehabt hatten, Verstärkungen heranzubringen. Aber die Matrosen wollten nicht die Offensive ergreifen, und so ging der psychologische Moment verloren. Einige Tage später, als die Erklärungen und Taten der bolschewistischen Regierung

* Ein Pud sind 40 russische [Funt] oder ungefähr 36 englische Pfund. [Für Deutschland umgerechnet sind 1 Pud = 16,38 kg also handelte es sich hier um rund 819 Tonnen Weizen]

Kronstadt überzeugten, daß es in einen Kampf auf Leben und Tod verwickelt war, da war es zu spät, den Fehler wieder gutzumachen.*

Ebenso erging es der Pariser Kommune. Als die Logik des ihr aufgezwungenen Kampfes die Notwendigkeit erwies, das Regime von Thiers nicht nur in der eigenen Stadt, sondern im ganzen Lande abzuschaffen, war es zu spät. In der Pariser Kommune wie in der Kronstädter Erhebung *erwies sich die Neigung zu passiver, defensiver Taktik als verhängnisvoll.*

Kronstadt fiel. Die Kronstädter Bewegung für freie Sowjets wurde im Blut erstickt, während gleichzeitig die Bolschewikenregierung mit europäischen Kapitalisten Kompromisse abschloß, den Rigaer Frieden unterzeichnete, der zwölf Millionen Menschen der Gnade Polens auslieferte, und dem türkischen Imperialismus half, die kaukasische Republiken zu unterdrücken.

Aber der ›Triumph‹ der Bolschewiken über Kronstadt schloß die Niederlage des Bolschewismus in sich. Er legte den wahren Charakter der kommunistischen Diktatur bloß. Die Kommunisten erwiesen sich als willig, den Kommunismus zu opfern, beinahe jeden Kompromiß mit dem internationa-

* Das Unterlassen Kronstadts, Oranienbaum zu nehmen, gab der Regierung Gelegenheit, diese Festung durch ihre verläßlichsten Regimenter zu verstärken, die ›angesteckten‹ Teile der Garnison zu eliminieren und die Leiter des Luftgeschwaders hinzurichten, welches im Begriff stand, sich den Kronstädter Rebellen anzuschließen. Später benutzten die Bolschewiken die Festung als einen sehr gelegenen Punkt zum Angriff gegen Kronstadt.

Unter den in Oranienbaum Hingerichteten befanden sich: Kolossow, Divisionschef der Luftstreitkräfte der Roten Armee und Vorsitzender des gerade in Oranienbaum organisierten Provisorischen Revolutionären Komitees, Balachanow, Sekretär dieses Komitees und die Komiteemitglieder Romanow, Wladimirow etc.

len Kapitalismus abzuschließen, aber sie wiesen die gerechten Forderungen ihres eigenen Volkes zurück - Forderungen, welche den Oktoberschlagwörtern der Bolschewiken selbst Ausdruck gaben: durch direkte und geheime Wahlen gewählte Sowjets, der Konstitution der russischen sozialistischen föderativen Sowjetrepublik entsprechend, der Rede- und Pressefreiheit für die revolutionären Parteien.

Der Zehnte Allrussische Kongreß der kommunistischen Partei tagte in Moskau zur Zeit der Kronstädter Erhebung. Auf diesem Kongreß wurde die ganze bolschewistische ökonomische Politik geändert als eine Folge der Ereignisse von Kronstadt und der ähnlich drohenden Haltung des Volkes in verschiedenen anderen Teilen von Rußland und Sibirien. Die Bolschewiken zogen es vor, ihre grundlegende Politik umzustürzen, die *raswerstka* (zwangsweise Requisition) abzuschaffen, Handelsfreiheit einzuführen, Konzessionen an Kapitalisten zu erteilen und den Kommunismus selbst aufzugeben - den Kommunismus, für welchen die Oktoberrevolution ausgekämpft, Ströme Bluts vergossen und Rußland zum Ruin und zur Verzweiflung gebracht wurde - all das, aber nicht freigewählte Sowjets zu gestatten.

Kann noch jemand in Frage stellen, was der wahre Endzweck der Bolschewiken war? Strebten sie kommunistischen Idealen oder der Regierungsmacht nach?

Kronstadt ist von großer historischer Bedeutsamkeit. Es läutete dem Bolschewismus mit seiner Parteidiktatur, verruchten Zentralisation, dem Tschekaterrorismus und der bürokratischen Kasten die Totenglocke. Es traf die kommunistische Autokratie ins Herz. Zugleich gab es den intelligenten und ehrlichen Denkern in Europa und Amerika den Anstoß zu einer kritischen Prüfung der bolschewistischen Theorie und Praxis. Es zerstörte die bolschewistische Fabel, daß der kommunistische Staat die ›Regierung der Arbeiter und Bauern‹ sei. Es erwies die kommunistische Parteidiktatur und die russische Revolution als einander entgegengesetzt, sich widersprechend und sich gegenseitig ausschließend. Es zeigte das Bolschewikenregime als durch nichts gemilderte Tyrannei und Reaktion, und daß der kommunistische Staat selbst die mächtigste und gefährlichste Gegenrevolution ist. Kronstadt fiel. Aber es fiel siegreich in seinem Idealismus und seiner moralischen Reinheit, seinem Edelmut und seiner höheren Menschlichkeit. Kronstadt war prachtvoll. Es empfand gerechten Stolz darüber, das Blut seiner Feinde, der Kommunisten, in seiner Mitte nicht vergossen zu haben. Es nahm keine Hinrichtungen vor. Die ungelehrten, unverfeinerten Matrosen, rauh in Sprache und Manieren, waren zu edel, das bolschewistische Rachebeispiel nachzuahmen: sie wollten nicht einmal die verhaßten Kommissäre erschießen. Kronstadt personifizierte den edelmütigen, allverzeihenden Geist der slawischen Seele und die Jahrhunderte alte Befreiungsbewegung Rußlands.

Kronstadt war der *erste* volksmäßige und ganz unabhängige Versuch einer Befreiung vom Joch des Staatssozialismus - ein direkt vom Volk, von den Arbeitern, Soldaten und Matrosen selbst gemachter Versuch. Es war der erste Schritt zur Dritten Revolution, die unvermeidlich ist und die, hoffen wir es, dem lange leidenden Rußland dauernde Freiheit und Frieden bringen wird.

Aus: Die Kronstadt-Rebellion.
Verlag »Der Syndikalist« Berlin 1923

Erich Mühsam

Die Zerstörung von Kronstadt

Vor zehn Jahren erlegte Leo Trotzki über 15.000 revolutionäre Arbeiter und Matrosen in Kronstadt, weil sie, die den entscheidenden Vorkampf der Revolution von 1905, der Februarrevolution von 1917 und der Oktoberrevolution geführt hatten, sich gegen die Verfälschung des Grundsatzes «Alle Macht den Räten", gegen die Parteidiktatur der Bolschewiken aufzulehnen wagten. Trotzki existiert nicht mehr für die Staats- und Parteimacht, die er geschaffen hat. An seiner Stelle der Stalinist Woroschilow, dessen geistige Produktivität der Welt nur durch das berüchtigte Wort über den Mann bekannt geworden ist, ohne den sein Posten gar nicht vorhanden wäre: «Wir haben Trotzki so verschickt, daß wir selber, wenn er stürbe, das erst nach Wochen erfahren würden." Der gemütvolle Heereschef ist kürzlich 50 Jahre alt geworden. Die von Moskau informierte bürgerliche Presse berichtet, daß ihm zu Ehren Kronstadt den Namen «Woroschilow-Festung" erhalten soll. Will man damit das Kronstadt, das so peinlich mit dem Namen Trotzki verbunden ist, ebenso in Vergessenheit bringen, wie man den Schöpfer der Armee Woroschilows aus den Geschichtsbüchern gestrichen hat? Oder will man das Kronstadt der Erinnerung entziehen, dem die Getöteten von 1921 den Glanz unvergänglicher revolutionärer Kämpfe verliehen hatten? Wo ist Kronstadt? wird man in Zukunft fragen und die Antwort erhalten: Gibt es nicht; wo es stand, ist jetzt die Woroschilow-Festung. – So, so – aber wer war Woroschilow? wird das künftige Geschlecht weiter fragen. – Wie, du kennst nicht den großen Heerführer Woroschilow, den ruhmreichen Nachfolger Frunses, dessen Namen eingegraben ist in die Herzen aller Revolutionssoldaten der Roten Armee? – Aber welche Taten hat er denn vollbracht, welche Schlachten geschlagen, zu welchen Siegen die Revolutionsarmee geführt? – Nun, ihr nennt ihn doch einen großen ruhmreichen Heerführer? – Ja, dazu ist er ernannt worden!

Aus: FANAL - Organ der Anarchistischen Vereinigung. Herausgeber Erich Mühsam. Jhrg. 5, Nr. 6, März 1931

Jochen Knoblauch

Biographische Notizen zu Volin

Volin ist das Pseudonym für Wsewolod Michailowitsch Eichenbaum, der am 11.8.1882 im Distrikt Voronez (ca. 500 km südl. von Moskau) als Sohn eines Ärzteehepaares geboren wurde. Zusammen mit seinem Bruder Boris erhält er eine gute Ausbildung; ihre Gouvernanten brachten ihnen die französische und deutsche Sprache bei. Ende 1899 schreibt sich Volin in Petersburg an der juristischen Fakultät ein, die er aber bald darauf wegen seines revolutionären Engagements wieder verließ.

Seit 1901 war er aktiv in der Arbeiterbewegung tätig, seit 1905 als Mitglied der Sozialrevolutionären Partei. Er war einer der Mitbegründer des ersten Sowjets in St. Petersburg. 1905 wurde er auf Grund seiner revolutionären Tätigkeit zur Verbannung verurteilt. 1907 floh Volin nach Paris, wo er auf eine breite und aktive Exilgemeinschaft traf. Hier machte er auch die Bekanntschaft mit namhaften Anarchisten und deren Ideen. Bald darauf verließ er die Sozialrevolutionäre Partei. 1913 trat er dem ›Internationalen Aktionskomitee‹ bei und engagierte er sich als Propagandist gegen den heraufziehenden Krieg.

1915 wurden die französischen Behörden auf ihn aufmerksam. Er sollte bis Kriegsende interniert und dann ausgewiesen werden, aber Volin wurde gewarnt und konnte über Bordeaux in die USA fliehen. Seine Frau und die vier Kinder blieben in Frankreich zurück.

In New York schloß er sich den Anarchisten an und wurde Redakteur der anarchosyndikalistischen ›Golos Truda‹ (Stimme der Wahrheit), für die er bereits von Frankreich aus gearbeitet hatte. ›Golos Truda‹ war das offizielle Organ der »Föderation russischer Arbeiterverbände« in den USA und Kanada, die seinerzeit über 10.000 Mitglieder zählte. Aufgrund seiner überzeugenden Redegewandtheit und seiner farbigen, bildhaften Sprache wurde seine Mitarbeit sehr geschätzt.

Im Juli 1917 kehrt Volin mit anderen AnarchistInnen nach Rußland zurück. Die Redaktion der ›Golos Truda‹ wurde nach Petrograd verlegt, und das Blatt erschien fortan als Tageszeitung. Auch hier bewährte er sich als einer der fähigsten Propagandisten und Organisatoren unter den AnarchistInnen.

Ende 1918 gelang es Volin verschiedene russische Anarchistengruppen zur ›Anarchistischen Föderation der Ukraine – Nabat (Sturmglocke)‹ zu vereinen. Sein Ziel, die verschiedenen anarchistischen Kräfte und ihre unterschiedlichen Richtungen zusammenzuführen war für Volin eine Lebensaufgabe.

Im selben Jahr ging er nach Bobrov (in der Nähe seines Geburtsortes), wo er in der Abteilung Volksbildung tätig war. Hier traf er auch seine Frau und seine Kinder wieder, die auf abenteuerliche Weise aus Frankreich gekommen waren.

1919 stieß er zu den revoltierenden Bauern unter Nestor Machno, wo er bis 1920 die ›Aufklärungs-Abteilung‹ leitete. Der Chronist der Machno-Bewegung Peter Arschinoff, der die zögerliche Haltung vieler Anarchisten während dieser Zeit kritisierte, schrieb über Volin, »daß von allen intelligenten und theoretisch gebildeten Anarchisten nur Volin sich mit Entschiedenheit der Bewegung angeschlossen hat und seine Fähigkeiten, seine Kräfte und sein Wissen voll in ihren Dienste stellte.«*

Im März 1920 wurde Volin von den Bolschewiki verhaftet und in Moskau inhaftiert. Infolge eines Abkommens zwischen den Bolschewiken und der Machno-Bewegung über den gemein-

* Peter Arschinoff: Anarchisten im Freiheitskampf - Die Geschichte der Machno-Bewegung 1918-1921. Zürich 1971. S. 309. Neuauflage 1998 im UNRAST Verlag

samen Kampf gegen den weißrussischen General Wrangel wurde er Mitte Oktober wieder freigelassen. Kurze Zeit später, nachdem Wrangel hohe Verluste beigebracht wurden, brachen die Bolschewisten am 26. November 1920 das Abkommen mit Machno. Die Kommandeure der Machnowtschina wurden zu einer ›Konferenz‹ auf die Krim gelockt. Hier wurden sie verhaftet und die meisten auf der Stelle erschossen. Die Tscheka fahndete nun verstärkt nach AnarchistInnen. Im Sommer 1921 wurden die Reste der Machnowstschina von der Roten Armee zerschlagen. Machno gelang es, mit einigen Getreuen nach Rumänien zu fliehen.

Volin, der an Typhus erkrankt war, wurde bereits im November 1920 mit einigen anderen Mitgliedern der Nabat-Gruppe (unter ihnen auch Aaron und Fanya Baron) von der Tscheka verhaftet. Die Bolschewiki boten Volin die Leitung des Unterrichtswesens in der Ukraine an: »Ich werde nie«, antwortete er [Volin], »mit der Autokratie der Kommissare paktieren!«*

Es folgte eine Odyssee durch verschiedene Tscheka-Gefängnisse.

Aufgrund der unmenschlichen Haftbedingungen traten die AnarchistInnen während eines Kongresses der Roten Gewerkschafts-Internationale in Moskau, in einen zehntägigen Hungerstreik. Zahlreiche ausländische Delegierte die an dem Kongreß teilnahmen, setzten sich für die Freilassung der inhaftierten AnarchistInnen ein. Unter der Bedingung, das Land umgehend zu verlassen, wurden zehn Gefangene (unter ihnen auch Volin) freigelassen.**

---

* So zitiert Viktor Serge einen ›Boris Wolin‹ in: Erinnerungen eines Revolutionärs 1901-1941, hier nach der dritten Aufl. Hamburg 1977, S. 139.

** vergl. auch Serge: Erinnerungen..., S. 175

Diese sogenannte ›Gruppe der Zehn‹ ging zuerst nach Deutschland. Hier entfalteten die Exilierten verschiedene Aktivitäten um die europäische Öffentlichkeit auf das Schicksal der AnarchistInnen in Rußland aufmerksam zu machen. Neben Publikationen in russischer Sprache (u.a. gründete Volin in Berlin mit Peter Arschinoff die Zeitschrift ›Anarchistischer Bote‹), die hauptsächlich in den Exilgemeinschaften vertrieben wurden, kam es auch zu Veröffentlichungen in deutscher Sprache. So schrieb Volin für die Deutsche Ausgabe der ›Geschichte der Macho-Bewegung‹ (1923 mit Unterstützung des ›Freien Arbeiter‹) das Vorwort und gab mit einigen anderen im Verlag von Ernst Friedrich eine Broschüre über die Verfolgung des Anarchismus in Sowjetrußland heraus.

Auf Drängen von Sébastien Faure ging Volin 1924 nach Paris, wo er auch weiterhin publizistisch tätig war. Hier arbeitete er u.a. an Faures ›Encyclopédie anarchiste‹ mit. Zunehmend wurden auch Broschüren von Volin in Spanien verbreitet. Auf Bitte der spanischen CNT hatte Volin die Redaktion der französischsprachigen Ausgabe von ›L'Espagne antifasciste‹ übernommen.

Innerhalb Frankreichs wechselte Volin noch einige Male den Wohnsitz. Bei Ausbruch des Zweiten Weltkrieges hielt er sich in Marseille auf, wo auch viele andere Exilanten, die vor den deutschen Truppen geflohen waren, lebten. Spanier, Italiener, Deutsche und jüdische Flüchtlinge verschiedener Nationen trafen sich hier. Augustin Souchy* berichtet aus dieser Zeit: »[Volins] Lebensgefährtin, den Bürden und Leiden des Emigrantendaseins nicht gewachsen, war frühzeitig gestorben,

---

* Augustin Souchy; Vorsicht Anarchist! Ein Leben für die Freiheit - Politische Erinnerungen. Hier: insges. 5. Aufl. Grafenau 1985. S. 129

seine Kinder* in alle Winde zerstreut. An der Kasse eines Kinos verdiente er seinen kargen Lebensunterhalt, tagsüber arbeitete er an seinem großen Werk über ›Die unbekannte Revolution‹. Auf seinem Bett im kleinen Hotelzimmer lagen Papiere und Dokumente ausgebreitet. Kein Sekretär half ihm, er hatte nicht einmal eine Schreibmaschine. Dennoch vermochte er seine Arbeit zu vollenden.«

Seine letzten Lebensjahre waren gekennzeichnet von den Entbehrungen der Kriegszeit und einer Tbc-Erkrankung.

Am 18. September 1945 starb Volin in Paris. Erst drei Jahre nach seinem Tod erscheint in Paris sein dreibändiges Werk ›La Révolution Inconnue‹.

»Die Anarchisten sind in Rußland ausgerottet worden, weil sie die Prinzipien der Sozialen Revolution verteidigten, weil sie für die wirkliche ökonomische, politische und soziale Freiheit des Volkes kämpften. Die Revolutionäre im Allgemeinen und Hunderttausende von Arbeitern wurden in Rußland von einer neuen Herrschaft und einer neuen privilegierten Schicht zertreten, die wie jede Herrschaft und alle privilegierten Schichten der Welt keinen revolutionären Geist mehr haben und die sich aus Machthunger und um ihrerseits ausbeuten zu können an der Macht halten. Ihr System stützt sich auf List und Gewalt wie jedes autoritäre

* ebenda auf S. 216 weiß Souchy aus den Jahren 1957/58 eine Anekdote zu erzählen von einem Boris Pisa, russischer Anarchist, den es nach Costa Rica verschlagen hatte, und der zuvor in Europa weilte und in Frankreich sich Volins »Unbekannte Revolution« gekauft hatte. »An der französisch-schweizerischen Grenze rief der Zollbeamte bei der Gepäckkontrolle erstaunt aus: ›Dieses Buch haben Sie?‹ ›Jawohl, was ist Merkwürdiges daran?‹ ›Nichts, indes der Autor dieses Buches war mein Vater!‹ ›— und mein Genosse und Freund‹, ergänzte Boris die überraschende Bemerkung des Zöllners.«

und etatistische System, das notwendigerweise Herrschaft, Ausbeutung und Unterdrückung produziert.
Das »kommunistische«, etatistische Regime ist nur eine Variante des faschistischen Systems. Es ist die Zeit, daß die Arbeiter aller Länder das begreifen, darüber nachdenken und aus dieser fürchterlichen negativen Erfahrung ihre Lehren ziehen...«*

Bei diesem Schlußzitat hätte man natürlich den letzten Satz weglassen können, denn ich bin nicht der Meinung, daß Kommunismus gleich Faschismus bedeutet. Dennoch haben gerade AnarchistInnen, als antiautoritäre Kräfte unter beiden Machtsystemen massiv zu leiden gehabt. Den Opfern wird es gleichgültig gewesen sein, in wessen Namen sie gefoltert oder/ und umgebracht worden sind.
Vor dem Zusammenbruch des Sowjetsystems haben auch AnarchistInnen gerne im Ostblock einen ›natürlichen‹ Verbündeten gegen den Kapitalismus gesehen. Dies war und ist ein großer Irrtum. Die Diskussionen müssen differenzierter geführt werden, und nicht jedeR Kapitalismus- oder StaatsgegnerIn ist automatisch verbunden mit anarchistischen Ideen und dessen Zielen.
Die Verfolgung und Vernichtung von Libertären z.B. in der DDR ist bisher nicht gründlich genug aufgearbeitet worden. Offene Diskussionen und deutliche Differenzierungen tun Not. Die Zeit der Schwarz-Weiß-Malerei ist vorüber.
Aber vielleicht sollte ein anderes Zitat von Volin hier am Schluß stehen, welches ebenfalls diskussionswürdig ist, aber auch etwas versöhnlicher: »Möge der Leser nie Anarchist

---

* Volin: Die unbekante Revolution Bd. 1-3. Zitiert nach dem Rücktitel von Band 2. Hamburg 1976

werden: Es ist nicht obligatorisch, Anarchist zu sein. Doch den Anarchismus *kennen* - das muß man.«*

Berlin im Juli 1999

---

* Schlußsatz aus dem Vorwort von Volin zu: Peter Arschinoff: Anarchisten im Freiheitskampf. Vgl. hierzu Annerkung Nr. 1

Glossar*

Autokratie: Unbeschränkte Herrschaft eines Einzelnen

Berkman, Alexander: Geboren 1870. Anarchist, der in den USA lebte. Hier wegen eines versuchten Attentates auf den Industriellen Henry C. Frick 1892 während eines Streiks zu 14 Jahren Haft verurteilt. Wegen seiner Aktivitäten gegen den Ersten Weltkrieg zusammen mit 247 anderen »unerwünschten Ausländern« 1919 nach Rußland deportiert. 1923 veröffentlichte er die Broschüre »Die Kronstadt-Rebellion«. Er starb 1936.

Bolschewiki: Name für die Anhänger Lenins in der russischen Sozialdemokratie.Ab 1918 bezeichnet Bolschewismus die allgemeine Praxis des Sowjet- bzw. Staatskommunismus.

Brusilow, Alexei: Geboren 1853. Zaristischer General, der 1920 in den Dienst der Roten Armee trat. Gestorben 1926.

Deninikin, Anton: Geboren 1872. Oberbefehlshaber der weißgardistischen Truppen während des Bürgerkrieges. Er wurde von der Roten Armee im März 1920 auf der Krim geschlagen. Er ging nach England ins Exil. Gestorben 1947.

Duma (Staats- oder Reichsduma): Duma ist der russische Name für Ratsversammlung, Rat- oder Stadthaus. Nach der ersten Revolution von 1905, gestand der Zar eine Volksvertretung zu, die jedoch nur über sehr begrenzte Möglichkeiten verfügte.

Dybenko, Pawel: Geboren 1889. Bolschewist, der verschiedene Posten in der Roten Armee bekleidete. Nach der Niederschlagung der Kronstädter Rebellion Befehlshaber der Festung. 1937 wurde er ein Opfer Stalins, nach dessen Tod wurde Dybenko rehabilitiert.

* Obwohl inzwischen die russischen Archive nutzbar sind, fehlen uns immer noch Informationen über Kronstadt und seine Aktivisten, was z.T. an die Gepflogenheiten in den Archiven (z.B. 20 US $ für eine Fotokopie) liegt, oder an den bisher wenig beachteten und ausgewerteten Archiven in Finnland. Hier bedarf es noch einiger wissenschaftlichen Arbeit.

Entente: Ein militärisches Bündnis, dem im ersten Weltkrieg die Länder Frankreich, Rußland, Großbritannien und Serbien gegen Deutschland und Österreich-Ungarn angehörten.

Goldman, Emma: Geboren 1869. Russ. Anarchistin, die mit 17 Jahren in die USA emigrierte. Hier wurde sie 1919 wegen politischer Aktivitäten nach Rußland deportiert (siehe auch A. Berkman). Während des Kronstädter Aufstandes lebte sie in Petrograd. Wie die meisten AnarchistInnen scharfe KritikerIn des Bolschewismus. Sie starb 1940.

Judenitsch, Nikolai: Geboren 1891. Zaristischer General, der 1919 eine erfolglose Offensive gegen Petrograd organisierte. Gestorben 1933.

Kamenjew, Sergei: Geboren 1881. Ehemaliger zaristischer Offizier, der sich früh den Bolschewiki anschloß. Während des Bürgerkriegs Befehlshaber in der Roten Armee. 1919 bis 1924 Oberbefehlshaber der Roten Armee unter Trotzki, und Vorsitzender des Revolutionären Kriegsrats der Republik. 1936 gestorben

Kalinin, Michail: Geboren 1875. Bolschewik aus bäuerlicher Familie. Seit 1919 Vorsitzender des Gesamtrussischen Zentralexekutivkomitees, der nach Kronstadt geschickt worden ist. Von 1938 bis zu seinem Tode an der Spitze des Präsidiums des Obersten Sowjets der UdSSR.

Koltschak, Alexander: Geboren 1874. Zaristischer Admiral, der in Sibirien gegen die Revolution kämpfte. Wurde am 7. Februar 1920 von den Bolschewiki gefangengenommen und erschossen.

Kosaken: Ehemals entflohene Leibeigene, die im Grenzgebiet eigene bewaffnete Abteilungen hatten. Bis Ende des 18. Jahrhunderts noch auf der Seite der (aufständischen) Bauern. Dann bekamen sie vom Zar Land und Sonderprivilegien wie Steuerfreiheit. Seitdem bildeten sie militärische Sondereinheiten des Zaren. Als Elite-Kavallerie beteiligten sie sich an den zaristischen Kriegen und der Niederschlagung von Aufständen. Ab der Oktoberrevolution gab es Kosaken-Einheiten bei den Weißgardisten aber auch bei der Roten Armee.

Koslowski, Alexander: Geboren 1861. Zaristischer General, dem von den Bolschewisten die Artillerie von Kronstadt anvertraut wurde. Soll die Aufständischen unterstützt haben, und später nach Finnland geflohen sein. Das Jahr seines Todes ist nicht bekannt.

KPR (B) bzw. RKP (B): Kommunistische Partei Rußlands (Bolschewiki). Bestand 1918 - 1925, als Vorläufer der KPdSU. Vor 1918 SDAPR (B) = Sozialdemokratische Arbeiterpartei Rußlands (Bolschewiki).

Kriegskommunismus: Aufgrund der Bürgerkriegssituation nach dem Ersten Weltkrieg erstarkte eine Bürokratie in Sowjet-Rußland, die eben mit diesem ›Kriegskommunismus‹ alle Unzulänglichkeiten begründete. Ferner wurden den Bauern die Lebensmittel beschlagnahmt um u.a. die Rote Armee zu versorgen.

Kulak: Großbauer

Kursanti: Auszubildende (Militärkadetten) der Roten Armee.

Kusmin, N. N.: Geboren 1883. Bolschewik, der mit Kalinin die Sowjetregierung am 1. März in Kronstadt vertrat, aber von den Massen niedergeschrieen wurde. Am 2. März wurde er von den Aufständischen in Kronstadt verhaftet. Bis 1930 in der Roten Armee, danach im Diplomatendienst. Um 1936 fiel er den stalinistischen Säuberungen zum Opfer.

Maximalisten: Abspaltung von der Sozialrevolutionären Partei (siehe auch weiter unten), die seit ca. 1902 mit militanten Mitteln die Vergesellschaftung von Grund und Boden sowie der Produktionsmittel forderten. Von 1917 an teilweise aktiv gegen die Bolschewiki, und teilweise in den Sowjets tätig, und einige später sogar zur KPR (B).

Menschewiki: Russ. Minderheitler. Gemäßigte Sozialdemokraten, die 1903 auf dem II. Parteikongreß, der von Lenin geführten Gruppe (Bolschewiki = bolschinstwo, russ. Mehrheit) über den zukünftigen Kurs unterlagen.

NEP oder NÖP (Neue Ökonomische Politik): Nach der Niederschlagung des Kronstädter Aufstandes fand vom 8.-16. März 1921 der 10. Kongreß der KPR (B) statt, wo die NEP als vorübergehende Maßnahme beschlossen wurde. Durch ›freien Handel‹ und ›begrenztes Wachstum‹, sowie Zugeständnisse an ausländische Firmen sollte der ›Kriegskommunismus‹ überwunden werden. Hier wurde wohl erkannt, daß die Forderungen der Kronstädter Matrosen durchaus ihre Berechtigung hatten.

Petritschenko, Stepan Maximowitsch: Geboren 1901. Er entstammt einer Bauernfamilie aus der Ukraine. Maat des Panzerkreuzers Petropawlowsk. Vorsitzender des Kronstädter Provisorischen Revolutionären Komitees. Floh ins finnische Exil, und wurde 1945 an die Sowjetunion ausgeliefert, wo er 1946 in einem Arbeitslager starb.

Petrograd/St. Petersburg: Zweitgrößte Stadt Rußlands. 1703 durch Zar Peter der Große gegründet. Von 1712 bis 1917 Hauptstadt Rußlands. Von 1914 bis 1924 hieß die Stadt Petrograd, und von 1924 bis 1991 Leningrad, um dann 1991 per Volksabstimmung wieder in St. Petersburg umbenannt zu werden.

Sinowjew, Grigori Jewsejjewitsch: Geboren 1883. Seit 1903 gehört er den Bolschewiki an, Mitarbeiter Lenins. Seit 1917 Vorsitzender des Petrograder Sowjets, ab 1919 Mitglied des Politbüros. Unter Stalin verlor er alle politischen Ämter. Im ersten Moskauer Schauprozeß von 1936 wurde er zum Tode verurteilt.

Solowjanow, E. N.: Zaristischer Offizier, der als Artilleriespezialist von den Bolschewisten in Kronstadt eingesetzt wurde. Die Aufständischen machten ihn zum Festungskommandanten. Nach der Niederschlagung des Aufstandes floh er nach Finnland.

Sozialrevolutionäre: Sie entstanden aus der Volkstümler-Bewegung (Narodniki), die vor allem aus Intellektuellen zwischen 1860 und 1895 bestand, und sich einen bäuerlichen Urkommunismus vorstellten. Um 1900 auch als Partei. Bis 1917 teilweise in der Illegalität tätig. Boris Savinkow war einer ihrer bekanntesten Vertreter. Sie lehnten das Berufsheer ab, waren für die Trennung von Staat und Kirche sowie für eine generelle Wahl-, Rede-, Presse- und Versammlungsfreiheit. Während der Februar- und der Oktoberrevolution spielten die Sozialrevolutionäre und ihre Anhängerschaft eine bedeutende Rolle, wobei sie zeitweilig mit den AnarchistInnen zusammen in mehreren Sowjets die Mehrheit stellten. Ab 1917 spaltete sich die Sozialrevolutionäre Partei in Linke Sozialrevolutionäre, die z.T. die Bolschewiki unterstützten und in Rechte Sozialrevolutionäre, die die Bolschewiki bekämpften. Nach 1922 spielte rechts und links keine Rolle mehr, da alle von den Bolschewiki durch systematische Verfolgung umgebracht oder ins Exil getrieben wurden.

Sowjet: Russ. Rat. In der ersten Revolution von 1905 entstandene Arbeiterselbstverwaltung, die sich zu Zentren und Trägern auch der folgenden Revolutionen entwickelten. Ab 1917 wurde der Begriff Sowjet auch für die staatlichen Machtorgane übernommen.

Trotzki, Leo: Geboren 1979. Als Vorsitzender des Militärrevolutionären Komitees war er an der Oktoberrevolution beteiligt. Gründer der Roten Armee. Von Stalin als politischer Gegner kaltgestellt und verbannt worden. 1929 ging er ins Exil. Im Auftrag Stalins wurde er 1940 in Mexiko ermordet.

Tscheka: Politische Polizei, die nach der Oktoberrevolution unter der Leitung von F. E. Dserschinski (1877 - 1926) gegründet worden ist. 1922 wurde sie unter den Namen GPU reorganisiert. Die Tscheka war eine Schreckensorganisation mit dem schönen Namen: Gesamtrussische Außerordentliche Kommission zum Kampf gegen Konterrevolution, Spekulation und Sabotage.

Tuchatschewski, Michail Nikolajewitsch: Geboren 1893. Zuerst zaristischer Offizier, schloß sich 1918 den Bolschewiki an. Armeeführer im Bürgerkrieg und 1925-28 Stabschef der Roten Armee. Unter Stalin Marschall und 1936 Stellvertreter des Volkskommissars für Verteidigung. 1937 wegen angeblicher Verschwörung zum Tode verurteilt und hingerichtet. 1961 wurde er rehabilitiert.

Wassiljew, P.D.: Bolschewistischer Vorsitzender des Kronstädter Sowjet. Er wurde von den Aufständischen am 2. März verhaftet. Nach der Niederschlagung des Kronstädter Aufstandes regierte er mit Dybenko und zwei weiteren Bolschewisten anstelle des Sowjets.

Weißgardisten: Allgemeine Bezeichnung für Konterevolutionäre Truppen. Die Farbe Weiß wurde seit der Französichen Revolution als die Farbe der Royalisten betrachtet, da sie die Farbe der Bourbonen war.

Wrangel, Peter: Geboren 1878. Weißgardistischer General, dessen Truppen im Herbst 1920 von der Roten Armee auf der Krim geschlagen wurde. Er floh mit Teilen seiner Armee in die Türkei bzw. auf den Balkan. Gestorben 1928.

Auswahl-Bibliographie zum Thema

Anonym [Horst Stowasser?]; Der Aufstand der Kronstädter Matrosen - Ein Dokumentation. Wetzlar 1971

Anonym; Der Kronstädter Aufstand von 1921. In: direkte aktion Nr. 85 (Jan./Febr. 1991) und Nr. 86 (April/März 1991). Der gleiche Text als Broschüre unter dem Titel: Kronstadt - »Alle Macht den Sowjets - Keine Macht der Partei«. Zu den Hintergründen des Kronstädter Volksaufstandes im März 1921 und seine Niederschlagung durch die Regierung der Sowjetunion. Moers 1991

Anonym [Horst Stowasser]; Kronstadt in der russischen Revolution. Die russische Revolution Heft 2; Reihe: Anarchistische Texte 22, Berlin 1980

Anonym; Wir hoffen sehr auf Kronstadt. Köln 1954 [Roman über die Ereignisse um Kronstadt. Hier wird der libertäre Ansatz zu Anti-Sowjetischen Propaganda in Zeiten des Kalten Krieges ausgenutzt.]

Berkman, Alexander; Die Kronstadt-Rebellion. Berlin 1923 [zahlreiche Reprints u.a. Basel 1980, »Sammlung unter der Hand« o.O.o.J., o.O. 1987, Berlin 1990]

Kronstadt; Texte von W.I. Lenin, L. Trotzki, und V. Serge. Frankfurt/M. 1981

Mett, Ida; Kommune von Kronstadt. Berlin 1971 [Der Text wurde 1938 verfaßt und erschien zuerst in Paris. Auf deutsch erschien er anläßlich des Kronstadt-Kongresses 1971 in Berlin mit einem Vorwort des Kronstadt-Komitees Berlin, sowie dem Vorwort von Ida Mett zur Ausgabe 1938 und 1948.]

Mett, Ida/Johannes Agnoli/Cajo Brendel; Die revolutionären Aktionen der russischen Arbeiter und Bauern/Die Kommune von Kronstadt. 2. überarbeitete Aufl. Berlin 1974 [erweitert durch zwei Beiträge, die auf dem Kronstadt-Kongress Berlin 1971 von J. Agnoli und C. Brendel gehalten wurden.]

Schübel; Theodor; Die Matrosen von Kronstadt (Mit 21 Bildern aus dem gleichnamigen Film). München 1983 [Drehbuch des gleichnamigen Fernsehspiels, welches im Februar und März 1982 für das ZDF produziert wurde.]

in Auszügen und Erwähnungen

Berkman, Alexander; Die Kronstadt-Rebellion (S. 178 - 186). In: Die Rätebewegung Bd. 2 (Hrsg.: Günter Hillmann), Reihe: Texte des Sozialismus und Anarchismus. Reinbek 1972

Brinton, Maurice; Die Bolschewiki und die Arbeiterkontrolle. Hamburg 1976

Kronstadt; (S. 281 - 515) in: Arbeiterdemokratie oder Parteidiktatur. Dokumente der Weltrevolution Band 2. Hrsg.: Fritz Kools und Erwin Oberländer. Olten und Freiburg 1967

Steiberg, Isaak; Gewalt und Terror in der Revolution - Das Schicksal der Erniedrigten und Beleidigten in der russischen Revolution. 2. Aufl. Berlin 1981

Rocker, Rudolf; Der Aufstand in Kronstadt. Enth. in: Der Bankerott des russischen Staatskommunismus. Berlin 1921; Die gesamte Broschüre von Rocker ist auch in: Der Bolschewismus: Verstaatlichung der Revolution. Berlin 1968

Stowasser, Horst; Die Kommune von Kronstadt. In: Freiheit pur - Die Idee der Anarchie, Geschichte und Zukunft. Frankfurt/M. 1995

Außerdem

Alle Macht den Sowjets - keine Macht der Partei! Zum 75. Jahrestag des Aufstands von Kronstadt. Artikel von Anika, FAU Moers aus der »Direkten Aktion« Nr. 115 Ausgabe 3/4-1996 im Internet unter: Http://www.fau.org/FAU/Seiten/Direkte%20Aktion/115/115gug01.html

Pierre Joseph Proudhon
Was ist das Eigentum?

Klassiker der Sozialrevolte 19
ca. 240 Seiten • ca. 15 EUR
ISBN 978-3-89771-918-7

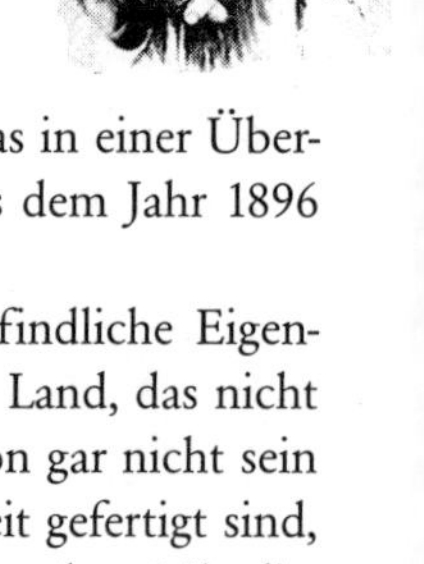

Proudhons bekanntstester Slogan Eigentum ist Diebstahl ist eine der Schlussfolgerungen aus diesem Werk, das er bereits 1840 verfasste und das in einer Überarbeitung der Übersetzung von Alfon Cohn aus dem Jahr 1896 erscheint.
Nach Proudhon kann nur das in Gebrauch befindliche Eigentum wirklich rechtmäßiges besessen werden. Das Land, das nicht bestellt wird, ist auch niemandes Besitz und schon gar nicht sein Eigentum. Nur Waren, die durch die eigene Arbeit gefertigt sind, können als rechtmäßiges Eigentum verstanden werden. Mit diesen Thesen provoziert Proudhon in dieser Schrift die Grundfesten des kapitalistischen Systems.

Peter Kropotkin
Der Staat und seine historische Rolle

Klassiker der Sozialrevolte 18
159 Seiten • 13 EUR
ISBN 978-3-89771-916-3

Kropotkins bislang wenig beachtete umfassende Staatskritik aus anarchokommunistischer Perspektive
In zwei seinerzeit unabhäbgig erschienenen Broschüren „Die historische Rolle des Staates“ (1896) und „Der moderne Staat“ (1913) beschreibt Kropotkin mit vielen historischen Beispielen die Funktion des Staates als Organisationsform im Interesse der jeweils herrschenden Klassen. Dabei zielt Kropotkins Kritik insbesondere auf das perfide Zusammenspiel von Staat und Großfinanz sowie dem sich monopolartig organisierenden Kapital.

Milly Witkop, Hertha Barwich, Aimé Köster u.a.

Der Syndikalistische Frauenbund

Klassiker der Sozialrevolte 17
275 Seiten • 16,00 EUR
ISBN 978-3-89771-915-6

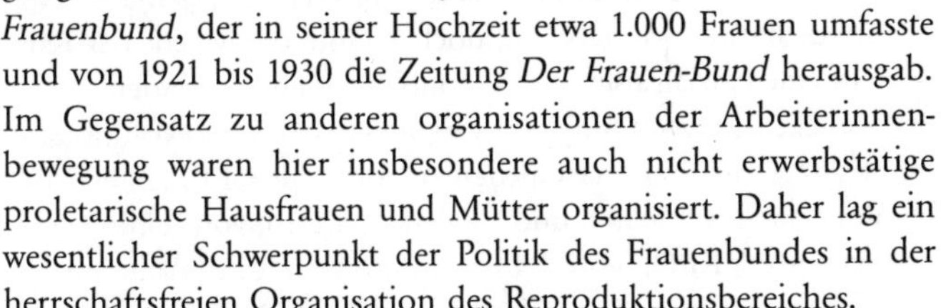

Als Teil der anarchosyndikalistischen Bewegung entstand ab 1920 der *Syndikalistische Frauenbund*, der in seiner Hochzeit etwa 1.000 Frauen umfasste und von 1921 bis 1930 die Zeitung *Der Frauen-Bund* herausgab. Im Gegensatz zu anderen organisationen der Arbeiterinnenbewegung waren hier insbesondere auch nicht erwerbstätige proletarische Hausfrauen und Mütter organisiert. Daher lag ein wesentlicher Schwerpunkt der Politik des Frauenbundes in der herrschaftsfreien Organisation des Reproduktionsbereiches.
Milly Witkop, die die programmatische Broschüre »Was will der Syndikalistische Frauenbund?« verfasste, Hertha Barwich, Geschäftsführerin der *Reichsföderation syndikalistischer Frauenbünde*, und Aimée Köster, Schriftleiterin der Zeitung *Die Schaffende Frau*, stellten wiederholt unter Beweis, dass das Private eminent politisch ist.

Emma Goldman

Anarchismus, Sozialismus, Syndikalismus

Klassiker der Sozialrevolte 15
ca. 240 Seiten • ca. 15 EUR
ISBN 978-3-89771-913-4

Eine Auswahl von Goldmans markantesten Arbeiten, von einigen frühen Arbeiten, über ihre klassische amerikanische Aktivität bis hin zu Texten aus ihrem letzten großen politischen Kampf während der Spanischen Revolution (1936-39).

Teo Panther (Hg.)

Alle Macht den Räten! Bd. I

Novemberrevolution 1918

Klassiker der Sozialrevolte 12

247 Seiten • 14,80 EUR • ISBN 978-3-89771-910-1

Es war die Revolte der spontan gebildeten Arbeiter-, Soldaten-, und Bauernräte, die im November 1918 das Ende des 1. Weltkriegs besiegelte und den deutschen Kaiser zum Teufel jagte. Die Novemberrevolution war geboren, doch konnte die Macht der Räte nicht in eine (sozialistische) Räterepublik gewandelt werden.

Die vorliegende Sammlung von Originaltexten der Revolutionäre von 1918/19 aus den verschiedenen politischen Kontexten von Revolutionären Obleuten und Gewerkschaftern, von USPD und Spartkusbund/KPD, von Rätekommunisten und Anarchisten zeigt den historischen Gang der Rätemacht in Deutschland sowie die Diskussionen und Konflikte um die unterschiedlichen Vorstellungen von der Funktion der Räte in der Revolution.

Alle Macht den Räten! Bd. II

Rätemacht in der Diskussion

Klassiker der Sozialrevolte 16

263 Seiten • 14,80 EUR • ISBN 978-3-89771-914-9

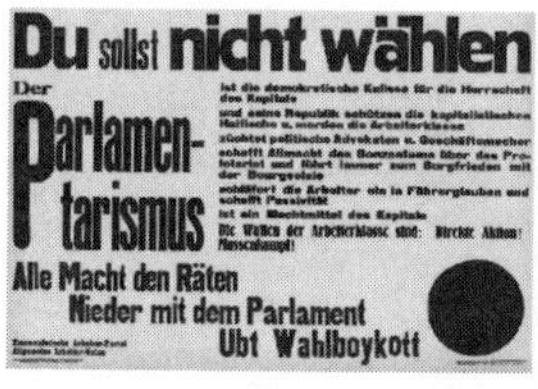

Nach der revolutionären Umwälzung im November 1918 durch die Arbeiter- und Soldatenräte stellte sich alsbald massiv die Machtfrage in Deutschland: Rätesystem oder Parlamentarismus?

In diesem Band werden die kontroversen Diskussionen in den revolutionären Gremien und linksradikalen Parteien über das Verhältnis zur geplanten Nationalversammlung, den Sinn oder Unsinn von Wahlen und die Rolle der Räte in den Betrieben dokumentiert. Abschließend werden zudem einige systematische Rätekonzeptionen dargestellt, die jenseits von Sozialdemokratie und Parteikommunismus Anknüpfungspunkte für zukünftige Rätemodelle und heutige linksradikale Diskussionen bieten können.

Johann Most
zum 100. Todestag 2006

Johann Most war einer der wortgewaltigsten Vertreter der deutschsprachigen Arbeiterbewegung und in vieler Hinsicht der politische Agitator schlechthin. Gelernter Buchbinder, sozialistischer Agitator, ins Exil vertriebener sozialdemokratischer Reichstagsabgeordneter, Herausgeber der Freiheit, kommunistischer Anarchist und Atheist, Haßobjekt der Mächtigen in Europa und Amerika: Das sind in aller Kürze die Stationen seines politischen Lebens.

Johann Most
Anarchismus in einer Nußschale

Klassiker der Sozialrevolte 14
244 Seiten • 14 EUR
ISBN 3-89771-912-6

In drei Artikelserien, die Most als Anarchismus in einer Nußschale in der Freiheit veröffentlichte - zwei (1899 und 1905) zur Vorbereitung und Begleitung von Vortragstouren und die dritte (1902/03) eine Gefängnisarbeit - stellt Most seine Kritik an der herrschenden Gesellschaft und seine Ideen des (kommunistischen) Anarchismus dar.

Johann Most
Die Freie Gesellschaft

Klassiker der Sozialrevolte 13
263 Seiten • 14 EUR
ISBN 3-89771-911-8

Texte der von Most zwischen 1887 und 1891 herausgegebenen Broschürenserie Internationale Bibliothek, Mosts umfangreichster Agitationsund Popagandabibliothek, die seine Vortragsreisen begleitete und ergänzte.

Ricardo Flores Magón
Tierra y Libertad

Klassiker der Sozialrevolte 11
180 Seiten • 13 EUR •ISBN 3-89771-908-8

Die AnarchistInnen um Ricardo Flores Magón waren sowohl die früheste als auch die radikalste Strömung der mexikanischen Revolution.

Friedrich Engels
Der deutsche Bauernkrieg

Klassiker der Sozialrevolte 10
158 Seiten • 13 EUR • ISBN 3-89771-907-X

Der deutsche Bauernkrieg ist in seiner prägnanten Kürze und präzisen Darstellung der gesellschaftlichen Verhältnisse zum ausgehenden Mittelalter eine packende Schilderung der revolutionären Ereignisse vom Bundschuh bis zum Bauernkrieg.

***Gustav Landauer*: Die Revolution**
Klassiker der Sozialrevolte 9 • 120 Seiten • 13 €

***Pjotr L. Lawrow*: Die Kommune von Paris**
Klassiker der Sozialrevolte 8 • 227 Seiten • 14 €

***Alexander Berkman*: Die Tat**
Klassiker der Sozialrevolte 7 • 396 Seiten • 16 €

***Michael Bakunin*: Die revolutionäre Frage**
Klassiker der Sozialrevolte 6 • 179 Seiten • 13 €

***Peter A. Kropotkin*: Memoiren eines Revolutionärs, Bd. I**
Klassiker der Sozialrevolte 4 • 248 Seiten • 14 €

***Peter A. Kropotkin*: Memoiren eines Revolutionärs, Bd. II**
Klassiker der Sozialrevolte 5 • 308 Seiten • 14 €

***Volin*: Der Aufstand von Kronstadt**
Klassiker der Sozialrevolte 3 • 164 Seiten • 11 €

***Otto Rühle*: 1848/49 – Revolution in Deutschland**
Klassiker der Sozialrevolte 2 • 120 Seiten • 9 €